京都を愉しむ

いにしえに想いをはせる
京へと続く街道あるき

竹内康之＊著

淡交社

まえがき

　平安京遷都から幕末（江戸時代末）まで、千年以上にわたって日本の中心だった京都は、全国各地との多様なネットワークが完成していた。それは、時代や社会の変化とともに姿を変えながら形成された水陸交通網を見れば一目瞭然である。

　例えば、水路と陸路で北海道や東北地方の海産物が届き、大陸や南蛮渡来の珍しい品々が宮中や寺社に献上される。そうした事実は、運搬する人々と乗り物があってこそ成し遂げられたものである。

　飛鳥や奈良など、古代の官道（国家が敷設した道路）も京都とのかかわりはあった。だが、本書で取り上げる街道はそうした国を治める道ではない。江戸時代後半から昭和の高度経済成長期にかけて利用された、ちょっと懐かしい情景を訪ねるものだ。幕府による五街道が機能し、交通の飛躍的な変貌が始まるまでの、近世・近代から現代に至る道路景観と言い換えることができよう。特徴から街道は以下の三つの章に分類できる。

　江戸時代の主要街道である東海道・中山道と、大坂の発展に伴う京街道（大坂街道）と鳥羽街道。山陽・九州方面とを結ぶ西国街道は、江戸や全国とをつなぐ重要な街道であり歴史的に多くの見どころを抱える。

　大和街道・宇治街道は平城京と平安京を結び、伏見街道・竹田街道も派生する街道として一連のものである。伏見の発展が鍵であり、豊臣秀吉が道筋の変遷に大きく関わる。ルートの多さが特徴といえる。

　峠越えを伴う山陰街道・若狭街道は丹波・若狭などとの往還で、京都の暮らしを物質的に支えてきた。山中越・長坂越も近江・丹波との街道であり、間道としての性格が強い。鞍馬街道は京都から鞍馬寺への参詣道だが、若狭・丹波からの古道でもある。

　宿駅（宿場）の情趣を味わったり、京都への寺社詣や西国三十三所観音巡礼をイメージすると、往時の人々の気持が理解しやすい。実際に街道を歩けば、連綿と続く人々の暮らしや信仰・考え方のうえに、私たちの現在があることを教えてくれるだろう。また、隠れた名所との出会いは、京都とその周辺の魅力を再発見する旅でもある。

　鉄道と自動車交通の発達は、旧の街道や峠道がその役目を終えたことを示している。しかし、名称は今も引き継がれ、人々の脳裏に記憶される。道が持つ文化的精神的な要素を覗いたり、沿道の人々との交流で楽しいひとときを過ごすことができれば、それぞれの土地が抱え持つ歴史的な痕跡が浮かび上がってくるはずだ。

2018年3月　竹内康之

目 次

いにしえに想いをはせる
京へと続く街道あるき

まえがき ———————————————————————————— 2

京へと続く街道広域マップ ———————————————————— 4

本書の使い方 ———————————————————————————— 6

京に通じた幹線街道 ———————————————————————— 7

東海道・中山道① 草津宿本陣〜大津宿札の辻 ———————— 8

東海道・中山道② 大津宿札の辻〜三条大橋 ——————————— 16

京街道（大坂街道）枚方宿〜石清水八幡宮 ——————————— 24

西国街道 櫻井駅跡〜羅城門址 —————————————————— 32

鳥羽街道 淀城跡〜羅城門址 ——————————————————— 40

古都を結んだいにしえ街道 ———————————————————— 47

伏見街道 中書島〜東福寺 ———————————————————— 48

竹田街道 中書島〜塩小路東洞院 ———————————————— 56

「山背古道」と大和(奈良)街道 木津川渡し跡(上狛)〜玉水宿・長池宿〜宇治屋の辻 —— 64

宇治街道 宇治橋〜墨染 —————————————————————— 72

都を支えた支線街道 ———————————————————————— 79

若狭街道 古知谷〜大原・八瀬〜出町柳 ———————————— 80

鞍馬街道 鞍馬口(出町柳)〜(幡枝)〜鞍馬寺 —————————— 88

山陰街道 老ノ坂〜丹波口 ———————————————————— 94

山中越(志賀越) 滋賀里〜崇福寺跡・比叡平口〜山中・北白川仕伏町〜荒神口 —— 102

長坂越 杉阪口〜長坂口(鷹峯) —————————————————— 108

京へと続く交通網の変遷 ———————————————————— 114

索引 ———————————————————————————————— 126

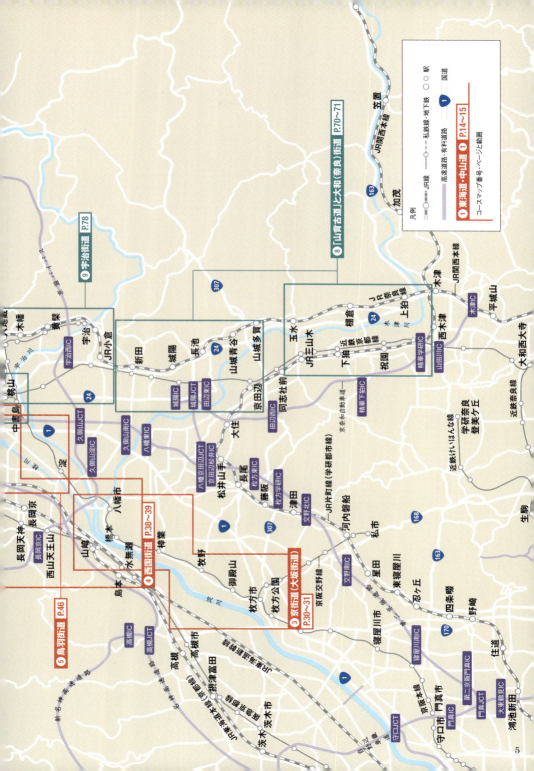

本書の使い方

本書は、京へと続く街道沿いをゆっくりと歩きながら訪ね、見て・知って・味わって、随所でいにしえに想いをはせて愉しむことができる、見どころ満載の全14街道を紹介しています。

街道案内

街道名
街道の名称。起点から終点の主な史跡・地域名。コースマップと連動

街道インフォメーション
歩行距離は立ち寄るところによって変化するため、目安として表記。所要時間は、街道沿いの史跡や風景をゆっくりと愉しみながら時速3kmで歩く場合の目安として記載

本文・写真
各街道沿いの史跡や寺社・歴史的な立ち寄りどころとその由来・由緒を文章と写真で紹介。また、各街道ごとにお食事・喫茶処やおみやげ処も紹介

※本書に掲載の情報は、2018年3月時点の内容となります。ご利用前には、最新情報を確認して下さい。

コースマップ

コースマップは可能な限り、歴史的に街道を忠実な道筋で辿るようにルートを設けていますが、交通の便や、史跡への立ち寄りやすさ、安全性などを考慮して、実態に即したルートにしています。

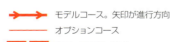

- ━━▶ モデルコース。矢印が進行方向
- ━━━ オプションコース
- 起点 終点 各コースの起・終点

- おみやげ処 P.00 おみやげ処
- お食事・喫茶処 P.00 お食事・喫茶処

- ═══ JR線
- ─── 私鉄線
- ▭ 駅
- ① 国道
- ▬▬ 高速道路・有料道路

京に通じた幹線街道

東海道・中山道
京街道（大坂街道）
西国街道
鳥羽街道

東国から京へ上る大動脈

東海道・中山道①
草津宿本陣～大津宿札の辻

▲ 瀬田唐橋からの眺め。湖国の歴史を感じながら京を目指す

1 東海道・中山道①インフォメーション　コースマップ❶（p.14～15）

起点	JR東海道本線・草津線 草津駅
終点	JR東海道本線 大津駅 （京阪京津線・石山坂本線 びわ湖浜大津駅）
所要時間	約5時間30分
歩行距離	約17.5km

インフォメーションプラス
史跡草津宿本陣・草津宿街道交流館
開館時間 9:00～17:00（入館は16:30まで）、有料

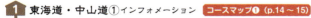

起 JR草津駅 →約15分→ 草津宿本陣 →約40分→ 矢倉南交差点 →約30分→ 弁天池 →約40分→ 一里塚址 →約20分→ 瀬田唐橋 →約50分→ JR石山駅 →約20分→ 若宮八幡宮 →約30分→ 和田神社 →約30分→ 石坐神社 →約15分→ 常盤橋 →約30分→ 大津宿札の辻 →約20分→ JR大津駅 →約10分→ 終

東海道・中山道

東海道と中山道、2つの街道は滋賀県草津市で合流する。両街道は江戸時代の五街道で、日本橋を起点に京都三条までそれぞれ53と69箇所の宿駅（場）が設けられていた。どちらも、東国から上洛する主要ルートである。

草津宿から矢倉の家並みへ

　JR東海道本線「草津」駅を東口から出て、東へ2筋目が中山道で、アーケードのある右手（南西）の北中町商店街に向かう。
　前方に見えるトンネルは旧草津川の河道で、その下をくぐる。現在は新たな流路が設けられ、市民の憩いの場（de愛ひろば）になっている。トンネルの出口に大きな**常夜燈型の道標**が角に立つ（追分）。ここで左手（南東）から東海道が合わさる。追分は主要街道の分岐点であり**高札場**もあった。少し東の横田にも東海道の道標が残る。
　付近には**草津宿本陣**（田中七左衛門家「**木屋本陣**」）や脇本陣があり、草津宿街道交流館では当時のようすを知ることができる。伯母川に架かる立木橋を渡り、右手にある立木神社へ立ち寄ろう。柿の木が神木で、狛犬ならぬ鹿が出迎えてくれる。
　落ち着いた**矢倉の家並み**には、中ほどに瓢箪を扱う瓢泉堂があって、よく知られた「姥が餅」の店の跡である。角に背の高い「右やばせ道　大津へ船わたし」を指す道標が立つ。多くの旅人は琵琶湖を大きく迂回する陸路でなく、舟で湖上を大津（石場）に向かったようだ。

▲追分に立つ道標（左）、草津宿高札場跡（右）

▲草津宿本陣

▲矢倉の家並み

▲弁天池

▲月輪寺付近の街道

◀一里塚趾
▼建部大社

一里塚を経て、建部大社へ

　矢倉南交差点で国道1号・8号と交差すると、旧道の脇に「野路一里塚」の石碑を見る。JR「南草津」駅に近い野路の集落には、産土神の新宮神社があって静かな神域が広がる。
　三玉川のひとつ「野路萩の玉川」を示す公園から曲線を描く街道を進むと**弁天池**があり、遠く湖南の山並みを望める。狼川を渡って**月輪寺の前**を西に向かえば、既に大津市である。弁天池から約1.5km歩いた月輪池の畔に「東海道立場跡」碑が立つ。「立場」とは宿場の間に置かれた休憩地を示す。長沢川を越えると一里山だ。JR「瀬田」駅前から延びる「学園通」との交差点には、南東角に**一里塚趾**があり地名にもなっている。ここから三条大橋まで、あと五里(約20km)余りである。
　野神社(ちりんさん)付近から大江に至る直線的な道を約400m西へ歩くと、瀬田小学校の南側にあたる四つ角に旧街道を示す標識があるので、間違えないように左折しよう。約400m南下して右折すると、浄光寺が右手にある。浄光寺の前から市道に出ると、北西に芦浦の観音寺を指す道標が立つ。和田一号橋を渡り、建部児童公園と檜山神社の前を**建部大社**めざして進む。同社は近江国一之宮だけに境内は広く、本殿は鳥居から東方へ約300m離れている。

龍王宮秀郷社から瀬田唐橋を渡る

　瀬田川に架かる**瀬田唐橋**は交通の要衝だ。「唐橋を制するものは天下を制す」といわれ、歴史の中で幾度となく戦乱の舞台になった。日本三古橋のひとつに数えられる。東詰の河畔には雲住寺と**龍王宮秀郷社**があり、「ムカデ退治」の伝説で知られる俵藤太（藤原秀郷）ゆかりの寺社である。

　２つの橋を渡り、京阪石山坂本線の踏切を横切ると、鳥居川交差点手前の南側に「**逆縁之縁切地蔵大菩薩碑**」がある。今も蓮如上人御影が休憩する場所である。南西の角には「**中興了源上人御旧跡**」（長徳寺）の標石もあり、右折（北）すると石山商店街が続く。かつて石山には、大津宿本陣に匹敵する宿泊所があり、茶店などが軒を連ねていたらしい。

　一旦、西側にあるJR「石山」駅の通路で線路を跨ぎ、盛越川に沿って街道へ戻る。近江八景「粟津晴嵐」は松並木が続く景勝地だったが、今はわずかに数本を残すのみ。かつては、膳所藩が認めた三軒茶屋があったようだ。

▲ 瀬田唐橋

▲ 龍王宮秀郷社

▲ 逆縁之縁切地蔵大菩薩碑（左）
　中興了源上人御旧跡（右）

▲ 龍王宮秀郷社に掲げられている、俵藤太のムカデ退治　　出典：「近江国百足山由来」（江州志賀郡勢田橋西 植村氏版）

▲若宮八幡神社

みどころの多い城下町

　JR「石山駅」から約1km、膳所城に近づくと街道は鍵形に進む。土塀のある屋敷や城下町の風情を残す町家も多い。膳所城の犬走門を移築した**若宮八幡神社**や北大手門を使用した**篠津神社**が続く。道中には勢多口総門跡や大津口総門跡を示す標識がある。**膳所神社**表門には**立葵**(本多家の家紋)の紋瓦が使われている。また、縁心寺は膳所藩主だった戸田家・本多家の菩提寺で、石田三成が繋がれたという**大銀杏**(**和田神社**)も見どころのひとつである。

　相模川を越えると大津宿までは約2km。**石坐神社**を左手(南)に見ながら、木曽義仲を葬った塚や松尾芭蕉の墓がある義仲寺を経て、京阪石山坂本線を渡ると、山手(左)に平野神社がある。境内にある蹴鞠燈籠が珍しい。鳰浜から打出浜にかけて、古くは琵琶湖の湖水が近かった。少し離れた**小舟入の常夜燈**が往時の面影をとどめる。

▲膳所神社の表門(左)にみられる立葵紋(右)

▲和田神社(左)、小舟入の常夜燈(右)
▼石坐神社

大津宿札の辻へ

　常盤橋で吾妻川を渡れば、いよいよ大津の中心街に入る。滋賀県庁も近く、「露国皇太子遭難之地」碑（大津事件）を見て大津宿札の辻に達する。ここは天孫神社の例祭「大津祭」の曳山が、からくりを演じる（所望）場所のひとつでもある。京阪京津線が通る国道161号から西は、西近江路（北国海道）が一直線に先へ延びる。

　JR「大津」駅には、商店街の京町通や寺町通・松屋通を通って約10分。京阪「びわ湖浜大津」駅は、軌道に沿って湖側（右）へ約5分にある。

▲常盤橋から望む大津宿の町並み

◀露国皇太子遭難之地碑

立ち寄りどころ

料亭 あみ定

滋賀県大津市唐橋町23-1
TEL：077-537-1780
営業時間：11:30~14:30　17:30~22:00
定休日：不定休
コースマップ①（p.14）

「もののふの　矢橋の舟は速けれど　急がば回れ瀬田の長橋」
江戸時代末期創業。瀬田川でとれたての魚を船上で料理して出す「あみ舟あそび」が店の由来。1952（昭和27）年、瀬田唐橋東詰北側から中之島に店舗を移した。懐石料理や屋形船を愉しむこともできる。お持ち帰り専用の折詰弁当も。

東海道・中山道 ②

歴史を刻む、東国と北国に繋がる街道

大津宿札の辻〜三条大橋

▲ 三条大橋　西詰に旧大橋の石造橋脚が残る

2 東海道・中山道②インフォメーション　コースマップ❷ (p.22〜23)

| 起点 | JR東海道本線 大津駅
（京阪電鉄京津線 びわ湖浜大津駅） |
| 終点 | 京阪本線 三条駅
（京都市営地下鉄 三条京阪駅） |

所要時間　4時間
歩行距離　約12km

インフォメーションプラス
橋本関雪別邸 端米山月心寺　事前申込制(10人以上)
TEL : 077-524-3421 もしくは 077-751-0446 (白沙村荘)、要志納金

起 JR大津駅 — 約10分 — 大津宿札の辻 — 約15分 — 旧逢坂山トンネル — 約25分 — 蝉丸神社（大谷駅） — 約30分 — 佛立寺 — 約35分 — 四宮地蔵 — 約20分 — 五条別れ道標 — 約30分 — 日ノ岡 — 約10分 — 車石広場 — 約35分 — 白川橋 — 約25分 — 三条大橋 — 約5分 — 終 京阪三条駅

東海道・中山道②

滋賀県大津市の発展は、豊臣秀吉の大津城築城によって始まった。元禄年間（1688〜1704年）には「大津百町」と呼ばれるほど繁栄する。湖側の浜通りは蔵屋敷が並び、山手に向けて商店街の中町通と問屋街の京町通（東海道・中山道）が並走する。琵琶湖の水運と車石による街道の整備が、人々の往来と物資の輸送を支えた。

交通の要衝逢坂山へ向かう

札の辻は幕府の法令を掲示する場（高札場）で、京都方面に旅籠などが八丁（町）続く。大津宿札の辻から南面に300m程歩いた京阪京津線「上栄町」駅の近くには本陣・脇本陣が置かれ、**明治天皇聖跡碑**も残っている。付近には、蓮如上人が愛犬を葬ったとされる**犬塚の欅**（推定樹齢500年）や長安寺（関寺）がある。

JR東海道本線を跨ぎ、京阪京津線の踏切を西へ渡った**関蝉丸神社**（下社）には時雨燈籠が立つ。智証大師開基の安養寺も近い。江戸時代の名所図会に掲載される史跡を、伝説と歴史を確かめながら歩きたい。

国道1号と合流する三叉路の手前（西）に**旧逢坂山トンネル**（1880〈明治13〉年）の東口があり、向かって左手が当初のものである（右は複線時代のもの）。京阪京津線と国道1号に沿って約300m南に向かうと、前方に名神高速道路の橋梁が架かる。この狭いエリアに日本の大動脈が集中している光景は、現在も交通の要衝に変わりがないことを物語る。

▲大津宿本陣跡と明治天皇聖跡碑（左）、犬塚の欅（右）

▲関蝉丸神社（下社）

▲旧逢坂山トンネル

▲関蝉丸神社(上社)

▲「逢坂山關址」碑と常夜燈

▲蝉丸神社
▼月心寺の石庭に湧く走井

これやこの「逢坂の関」

　旧片原町に入ると**関蝉丸神社(上社)**を右手の山肌に見る。元は逢坂山の守護神だが、琵琶法師蝉丸が合祀されたため、歌舞音曲にかかわる人々の信仰が篤い。

　関蝉丸神社(上社)より曲線を描く道路の400m先に東海自然歩道の横断歩道橋が見えると峠(逢坂山)に達し、信号で北側に渡ると**「逢坂山關址」碑と常夜燈**が立つ。奈良時代から、逢坂は畿内と畿外の境界にあたり、平安時代には関所が置かれた。

　大谷には、1658(万治元)年に下社を勧請した**蝉丸神社**があり、入口には街道に敷かれていた車石が保存してある。歌川広重の「東海道五十三次之内 大津」に描かれた**走井**は、蝉丸神社から南面に約500m歩いた月心寺の石庭に湧く。ここは近代の日本画家として知られる橋本関雪の別邸で、事前申込制で公開されている。

　この付近から追分にかけて、江戸時代には絵師(大津絵)・轆轤師・彫刻師・算盤師・仏具師・針屋などが連なっていた。道端にそれらを示す一里丁(町)の標石が残る。月心寺から南側の歩道を西に向かう。約800m先で名神高速道路をくぐり、すぐの分岐で斜め左の旧街道に入る。**佛立寺の大燈籠**を右手に見ると追分である。

追分から山科を横断して御陵へ

　東海道と奈良街道(伏見街道)の分岐で、「追分に柳緑花紅の標石あり」(『伊勢参宮名所圖會』)と彫られた道標が立つ(修復した3代目。2代目は摂取院境内に移設)。この付近を髭茶屋といい、旧道の佇いが漂う。閑栖寺の先で国道の歩道橋を渡り、**小関越・三井寺観音道**の大きな道標が立つ三叉路を過ぎると、いよいよ四ノ宮(京都市山科区)に入る。仁明天皇の第四皇子(人康親王)に因む地名で、十禅寺川と交差し、あたりは四宮河原と呼ばれていた。

　徳林庵の**四宮地蔵(山科地蔵)**は「京都六地蔵巡り」のひとつにあたる。さらに500mほど西に歩き、JR「山科」駅前の通りを横断すると、右手(北)に「明治天皇御遺跡」碑があって、かつて奴茶屋があった場所だ。天台宗の門跡寺院である毘沙門堂の寺領であり、茶屋が営まれていた。

　「五条別れ」で、西国三十三所第十四番札所園城寺(三井寺)から第十五番札所今熊野観音寺への巡礼に使われた道が左手(南)に分かれる。その先約300mで三条通と合流し、築堤のJR東海道本線をくぐれば天智天皇陵の入口が北側に見える。垂直型日時計を見て、三条通りから西に向かう狭い道が旧道だ。**日ノ岡の住宅街**の緩やかな登り坂を約800m西に向かい、亀の水不動尊を経て約600m北西に進むと、再び三条通に出る。

▲佛立寺の大燈籠(左)、小関越・三井寺観音道の道標(右)

▲四宮地蔵(山科地蔵)

◀「五条別れ」の道標

▼日ノ岡の旧道

▲ 擁壁に使用された車石

◀ 大日堂の石像
（日ノ岡）

日ノ岡峠を越えて
粟田口から京へ

　目の前に車石を集めた広場（車石広場）があるが、三条通を渡って反対側の**車石と経王塔の一部を使った擁壁**を見ておこう。また、地下鉄「御陵」駅方面へ約350m下った道の分岐には、京津国道改修記念碑の基部に多数の車石が使われている。

　日ノ岡峠（九条山）には地蔵堂の大きな石仏と、その先の**大日堂**に柔和な表情が印象的な鎌倉時代の**石像**がある。どちらも、旅人らに拝まれてきたと思われる。

　蹴上は京都の東の出入口として、街道の変遷を眺めてきた。「京の七口」のひとつ「粟田口」にあたり、かつては往来の人たちで賑わった。明治時代になると琵琶湖疏水（第一疏水、1890〈明治23〉年）が造られ、浄水場・発電所など、京都の近代化を支えた施設が今も現役で働いている。

　日ノ岡峠を越えて北西に1kmほど下ると、「蹴上」の三叉路にさしかかるので、左側の道を行こう。三叉路から約400m西を左折した近くの粟田神社は旅の安全を祈る参拝者が訪れた。**二ノ鳥居前にある東西の道が本来の東海道**といわれ、京阪京津線の軌道が敷かれた三条通は近代の街道である（現在は地下鉄東西線）。神宮道にある旧白川小学校の入口に粟田口の説明標識が設置されている。

　神宮道から三条通を左折してほどなくの白川橋の袂には、京都に不案内な人たちの

▲ 粟田神社付近の東海道

◀ 白川橋の道標

ために寺社名が彫られた**道標**（延宝6年）が立つ。道標から白川左岸に沿って2筋下った東側に**明智光秀の首塚**がひっそりと佇む。

東海道・中山道の終点 三条大橋へ

▲明智光秀の首塚(左)、高山彦九郎の銅像(右)

　京阪京津線の停留所があった時代に賑わいをみせた古川町商店街は「東の錦」とも称され、今も昭和の雰囲気が漂うちょっと懐かしい町並みが現存する。東大路通の東山三条交差点を渡ると**三条大橋**は近い。橋の東詰には勤王思想家だった**高山彦九郎の銅像**が御所を向き、西詰には「弥次さん喜多さん」の像が置かれている。

　鴨川左岸の地下に京阪本線「三条」駅と地下鉄東西線「三条京阪」駅がある。

▲三条大橋

立ち寄りどころ

🍚 かねよ 本店

滋賀県大津市大谷町 23-15
TEL：077-524-2222
営業時間：11:00 ～ 20:00
定休日：不定休
コースマップ② (p.23)

「これやこの　行くも帰るも別れては　知るも知らぬも　逢坂の関」
百人一首で蝉丸が詠んだ逢坂峠の関所、その跡を示す石碑から西へ50 mの所で、1872（明治5）年に創業。鰻まむしの上にでっぷりとしただし巻きを乗せた名物「きんし丼」は、お持ち帰りも可能。

経済・交通の都と
政治・文化の都をつなぐ大動脈

京街道（大坂街道）
枚方宿〜石清水八幡宮

▲ 枚方宿の歴史を伝える鍵屋資料館

3 京街道（大坂街道）インフォメーション　コースマップ❸（p.30〜31）

起点	京阪本線 枚方公園駅	
終点	京阪本線 八幡市駅	

所要時間　4時間20分
歩行距離　約13km

インフォメーションプラス
鍵屋資料館　9:30〜17:00（入館受付は16:30まで）、
TEL：072-843-5128、有料

起　京阪枚方公園駅 —約10分→ 鍵屋資料館 —約20分→ 宗左の辻 —約20分→ 天之川町 —約60分→ 明治橋 —約25分→ 樟葉橋 —約30分→ 町楠葉 —約15分→ 楠葉台場跡 —約20分→ 橋本 —約10分→ 石清水八幡宮常夜燈 —約40分→ 石清水八幡宮一ノ鳥居 —約10分→ 京阪八幡市駅　終

京街道（大坂街道）

大坂から京都へ向かう淀川左岸沿いの街道の総称で、行き先によって名称が変わる。淀川の水運とも深く結びついており、対岸への渡し船も戦後まで見られた。江戸時代の街道整備と大坂の発展で東海道は五十七次となり、伏見・淀・枚方・守口に宿駅が置かれた。髭茶屋追分（滋賀県大津市）から、山科盆地を南西に横切って伏見へ向かうルートが該当する（山科での呼称は「奈良街道」）。また、東寺口から淀を経て橋本へ続く道もおおいに使われた。本書では、枚方宿（大阪府）から石清水八幡宮の麓までを紹介する。

枚方宿を行く

京阪本線「枚方公園」駅から西へ約200mに誓願寺があり、その次の三叉路で守口からの街道が南西から合流する。北西へ曲がった先が宿の出入口にあたる**西見附跡**だ。枚方宿はここから北東方向に約1.5km（797間）延びる。淀川の堤防へ上がると1885（明治18）年の洪水碑と郵便屋の渡し（大塚の渡し）跡碑がある。

街道に戻り、北東に進むとすぐ左手に鍵屋資料館があり、船宿として繁栄した歴史を伝える。約200m先の鍵形に曲がる左手には航行する船を監視した船番所跡があり、寺内町の寺院のひとつである**西御坊（浄念寺）**も近い。

---------↓ここからオプションコース↓---------

京阪本線の線路の東側には**東御坊（願生坊）**があり、門前から東に行けば豊臣秀吉が建てた御茶屋御殿跡へ登れる。萬年寺の石塔を見て意賀美神社から下ると、東御坊の前へ戻ることができる。

---------↑ここまでオプションコース↑---------

▲枚方宿西見附跡

▲西御坊（浄念寺）
▼東御坊（願生坊）

◀ 製油業を営んでいた
角野宗左の屋敷が
あった「宗左の辻」

▲ 小野平右衛門邸

▲ 天之川町の町並み
▼ 御殿山神社

枚方宿から鵲橋を渡り天之川町へ

　枚方宿本陣跡(池尻善兵衛家)の三矢公園には、「明治天皇御昼餐所」碑が立つ。このあたりは街道筋に町家がいくつも残り、往時の面影を色濃く伝える。行く手には高札場跡や常夜燈・下井戸跡もある。

　岡本町公園を過ぎ、京阪「枚方市」駅の手前で左(北西)に折れる。この四ツ辻が**「宗左の辻」**で、大きな道標が立つ。枚方橋跡を越えると、天野川の堤防まで宿場町の風情が約300m続く。東見附の手前には、問屋役人で醤油業を営んでいた**小野平右衛門邸**があり、揚見世(ばったり床几)や蔀戸のある建物が懐かしい。

　鵲橋で天野川の右岸へ渡って一旦右折、2つ目の通りを左折して**天之川町の街道**を北上する。日野橋を越えると磯島交差点で府道13号に吸収され、三栗南交差点まで京阪本線に沿って歩道を約2km歩く。

-------↓ここからオプションコース↓-------

　京阪「御殿山」駅の北東には、**御殿山神社**があるので立ち寄るのもよい。文徳天皇の第一皇子である惟喬親王が亭を建て社名の由来になった。淀藩から分与された永井伊賀守の陣屋跡とされる。北麓の渚保育所に隣接して別荘だった渚院跡があり、観音寺の鐘楼が残る。惟仁親王との皇位継承争いに敗れて各地で隠れ住み、木地師の祖といわれる。歌人の在原業平の和歌が伝わる。

-------↑ここまでオプションコース↑-------

町楠葉から戊辰の役激戦の地へ

　三栗南交差点から西側に、少しだが旧道の面影が残る。三栗交差点で府道13号を横断し、約400mで京阪本線を越えると道はゆるやかに左(北)に曲がる。阪今池公園を右手に見ながら穂谷川の堤防に上がり、**明治橋**で右岸に渡る。すぐ下流に京阪「牧野」駅がある。

　踏切で京阪本線を渡り、すぐ右折して線路に沿って約800m北東に向かう。かつては成雲寺橋で船橋川を越えたが、今は樟葉橋に迂回する。樋之上交差点で再び府道13号に合流し、淀川左岸堤防を北東に約1.5km歩く。京阪「樟葉」駅北側から高架をくぐってすぐの信号を左折し、約200m先を鍵状に進む。**町楠葉の静かな街道筋**を北へ向かい、水道局楠葉取水場から久親恩寺の前を楠葉中之芝の住宅街に出る。

　すぐ北側には**楠葉台場(砲台)跡の石碑**が立つ。この碑は京都の呉服商だった三宅清次郎が父(安兵衛)の意志を継いで建立し、現在地に移設されたものである。周辺は史跡公園として整備工事中だ。大砲を備えた要塞を台場といい、放生川(大谷川)を濠として利用した。幕末には関門(関所)として尊王攘夷派の京都侵入を阻止するため、台場内を通るよう街道が付け替えられたという。公園の北東には、行基の開基による**久修園院**の土塀が続き、新しくできた道を西側から回り込んで先に進む。

▲ 明治橋

▲ 町楠葉の町並み

▲ 楠葉台場跡に立つ石碑
▼ 久修園院

▲橋本の町並み

▲渡し場付近から天王山を望む

▲石清水八幡宮の常夜燈
▼二宮忠八飛行器工作所跡案内板

橋本の古い町並みを散策する

　「京阪橋本停留所」のバスロータリーを左手（西）に見て、次の四叉路を左折する。津田電線踏切を渡れば**橋本**の中心だ。踏切手前の四区公会堂前に「橋本記念碑」が立つ。鳥羽伏見の戦いで橋本の駅（宿）は焼失。1928（昭和3）年に大字が復活したのを記念するものだという。

　小金川樋門の手前で右折（北東）し、かつての遊郭を偲びながら町を歩く。建物の取り壊しが進み、空き地も目立つ。それでも、建物や飾り窓は情趣に富み、往時を彷彿させる景観が見られる。突き当たりの三叉路から左へ思案橋を越えて堤防に上ると**渡し場跡**で、上り口に明治時代の道標がある。淀川の河口からは35kmになり、対岸の天王山が近い。三叉路に戻り、約100m東には1767（明和4）年の八幡宮といせ・京・伏見道を示す道標が残り、京阪「橋本」駅東側にも「橋本渡舟場三丁」の道標が立つ。明和4年の道標から北東、橋本狩尾から下ってくる道の三叉路には八幡宮の標石があり、放生川（大谷川）を渡り右手へ進めば**石清水八幡宮の常夜燈**が佇む。

　橋本奥ノ町の木津川堤防下には楠の大木が聳え、大楠大明神が祀られている。江戸時代はここから淀へ船で渡ったらしい。近くに**飛行器工作所跡を示す案内板**があり、世界で初めて飛行原理を発見した二宮忠八がその製作を始めたところである。

石清水八幡宮一ノ鳥居界隈

八幡科手の住宅街を約1.5km東に向かい、府道13号から東高野街道へ続く道に右折（南）する。橋と線路を越えれば京阪「八幡市」駅前だ。

日本三大八幡宮のひとつである**石清水八幡宮の一ノ鳥居**は南側の右手にある。頓宮の東側に安居橋が架かり、周囲は時代を感じさせる景色に包まれている。時間が許せば、国宝の本殿から男山展望台へ回るのもよい（表参道で片道約30分）。淀川の三川（桂川・宇治川・木津川）が合流する景色が眺められる。なお、京街道（大坂街道）は御幸橋を渡って淀へと続く。

▲ 八幡科手の町並み

▲ 石清水八幡宮一ノ鳥居

立ち寄りどころ

やわた走井餅老舗

京都府八幡市八幡高坊19
（石清水八幡宮表参道一ノ鳥居前）
TEL：075-981-0154
営業時間：8:00〜18:00
定休日：月曜日（祝日の場合は翌日休）
コースマップ③（p.31）

「真清水の　走井もちを　二つ食べ」
俳人、高浜虚子が句に詠み、歌川広重「東海道五十三次」の大津宿にも描かれた名物走井餅は、1910（明治43）年、名水で名高い石清水のふもとへ引き継がれた。店舗では、お茶とともにいただくこともできる。

29

古代から整う中国地方からの大路（幹線街道）

西国街道
櫻井駅跡〜羅城門址

▲ 向日町の中心五辻に立つ常夜燈

4 西国街道インフォメーション　コースマップ❹（p.38〜39）

起点	阪急京都線 水無瀬駅 （JR東海道本線 島本駅）	所要時間	5時間30分
終点	近鉄京都線 東寺駅	歩行距離	約16.5km

インフォメーションプラス
大山崎町歴史資料館　開館時間 9:30〜17:00
（入館は16:30まで）TEL：075-952-6288、有料

起　阪急水無瀬駅 →約10分→ 櫻井駅跡 →約40分→ 離宮八幡宮 →約60分→ 調子八角 →約25分→ 石田家住宅 →約30分→ 一文橋 →約30分→ 須田家住宅 →約15分→ 太新宮常夜燈 →約50分→ 新久世橋 →約45分→ 九条御前 →約10分→ 羅城門跡 →約15分→ 近鉄東寺駅　終

● 西国街道

山陽道の西国から畿内に入り、京へ向かう西国街道は、もっとも早くに開かれた道のひとつである。京都府内は大山崎町から東寺口の間だが、大阪府島本町も同じ地域性を有する。秀吉の朝鮮出兵に際して整備されたことから、「唐街道」とも呼ばれる。淀川の対岸にある橋本との間には、かつて行基が造ったといわれる山崎橋があって、各地を結ぶ交通網が発達していた。

名水と油座の道をたどる

阪急京都線「水無瀬」駅もしくはJR東海道本線「島本」駅から出発すると、東海道本線に沿った広場(桜井駅跡史跡公園)に古代律令制のもと置かれた櫻井駅跡と「楠公父子訣別之所」の石碑がある。

北東約1km先の東にある**水無瀬神宮**は、後鳥羽上皇の離宮の跡に建立されたもので、境内には名水百選のひとつ「離宮の水」が湧く。水無瀬川流域は地下水が豊富で、山崎(島本町)にあるウィスキーの製造(**サントリー山崎蒸溜所**)はあまりにも有名だ。

JR「山崎」・阪急「大山崎」駅西方の街道が鍵形に折れ曲がる地点に関大明神と「**從是東山城國**」碑が立つ。間の明神川が摂津との国境である。左手(北)の**離宮八幡宮**は油座を象徴する存在で、鎌倉時代から燈明用の荏胡麻油が盛んに製造された。平安時代に嵯峨天皇が河陽離宮を営んだ名残りだ。北側には1927(昭和2)年築のJR「山崎」駅があり、その東側には**妙喜庵**が見える。千利休の茶室「待庵」(国宝)で知られる。

▲ 水無瀬神宮

▲ サントリー山崎蒸溜所

◀「從是東山城國」碑

▲離宮八幡宮

▲妙喜庵

▲東黒門跡の石敢當(左)、調子八角(右)

▲馬ノ池

大山崎から長岡京へ

　阪急「大山崎」駅前から北東に進むと、左手に大山崎町歴史資料館があって、館内には「待庵」が復元されている。また、天下分け目の山崎合戦や交通の要衝としての歴史などがわかりやすく展示してある。

　観音寺（山崎聖天）への道を左（西）に分け、300ｍ進むと東黒門の跡で**石敢當**がある。これは沖縄や鹿児島に多い魔除けの石柱で、関西では珍しい。中国から渡ってきた風習であろう。隣には、江戸時代後期の力士だった高瀬川清兵衛の石碑が立つ。ここ東黒門跡で北東へ久我畷が分かれる。大山崎小学校や大山崎町役場を左右に見て、名神高速道路の下をくぐると円明寺だ。道の幅員が狭くなるので、注意して歩こう。北へ向かい、小泉橋を渡れば長岡京市に入る。

　京都縦貫自動車道が高架で通る下の交差点（北側）を**調子八角**と呼ぶ。北の調子と南の八角を合わせた地名で、ここから丹波への道が分かれていた。1699（元禄12）年の道標が現存する。西には自動車道と一体になった阪急「西山天王山」駅が設置され、今も重要な場所であることに変わりはない。調子馬ノ池公園の傍に水道水として利用される**馬ノ池**がある。

一文橋を渡り五辻を目指す

　府道67号の一筋東に約1km続く友岡の街道筋には、江戸末期に建てられた中野家住宅や仮名手本忠臣蔵五段目「山崎街道の場」ゆかりの与市兵衛供養塔がある。立命館中学・高校を横に見て北上し、一旦府道に出るが、片泓交差点で再び右手（東）の旧道を進む。石田家住宅（神足ふれあい町家）の手前にある三叉路に「京阿たご／よど／山さき」の道標が立つ。ここから北に約1km続く道が旧街道だ。**神足の街道筋**では、西側の神足石仏群にも立ち寄ろう。江戸時代後期の等身大石仏が並ぶようすはなかなか見事である。

　西の長岡天満宮へ向かうJR「長岡京」駅前の天神通を横断し、なおも商店街を北に向かう。府道67号に出て**一文橋**へは、小畑川の堤を行く車道を離れて西側の旧道を300m歩く。町名にもなっている一文橋は通行するのに一人一文を要した有料橋で、架け替え費用に充てられたという。

　橋を渡り終えた交差点を左折（西）し、今里大通からすぐ旧道へ右折（北）する。**下川原の落ち着いた家並み**の中に、築170年の中小路家住宅がある（国登録文化財）。阪急京都線をくぐり、日像上人（鎌倉時代）によって建てられた石塔寺の前を過ぎると、向日町（現在は向日市）の中心である五辻だ。五叉路の一角に、幕末に設置された常夜燈が立つ（→p.32）。

▲ 神足の街道筋

▲ 一文橋

▲ 下川原の家並み

向日町を抜けて久世橋へ

五辻から「アストロ通り」を進むと、左手に向日神社の鳥居が現われる。物集女街道の分岐の西側に**須田家住宅**があって、商家「松葉屋」の面影を残す。

北東に800m程歩いた寺戸町梅ノ木に四基の道標が並び立つ。北の三叉路には築榊講の**太神宮常夜燈**もあって、阪急「東向日」駅付近の賑わいが実感できる。

阪急京都線の踏切を渡って北東に向かうと、深田橋で寺戸川を渡る。橋の東詰には**粟生光明寺を指す大きな道標**が立つが、もとはJR「向日町」駅前にあったものだ。1876（明治9）年に大阪～向日町間の鉄道が通じ、京都府内で最初に開業した駅舎である。JR「向日町」駅の駅前ふれあい広場から地下道で東海道本線をくぐり抜け、東海道新幹線の下を横切ると、国道171号との久世殿城交差点だ。

久世（京都市南区）に入った街道は約700m緩やかな曲線を描いて桂川に向かう。京都久世郵便局の手前北側に嚴島神社の鳥居が建つ。久世ニューリバー公園で桂川西岸に達すると、堤防の三叉路に西国街道（大正6年建立）の道標を見る。「久世橋西詰」バス停から、一旦**新久世橋**をくぐって上流側の歩道へ折り返す。道路へ上がり、橋を渡りきった左岸で左折（北西）し、モチノキのある**日向地蔵尊**を左手（西）に見ると三度国道171号と出合う。

▲須田家住宅

▲太神宮常夜燈（右）と西国街道の道標　▲粟生光明寺道の道標（深田橋）

▲新久世橋から望む桂川上流の眺め

▶日向地蔵尊

羅城門址から九条通を東へ

◀九条御前

　国道171号を横断、吉祥院商店会の表示がある道を北東に約800m進み、西高瀬川を吉祥院橋で越える。「西大路通西国街道」の交差点を過ぎると、**九条御前**で街道は九条通に吸収される。少し北側の唐橋西寺町には西寺跡の公園があり、金堂跡の礎石が残る。千本九条には矢取地蔵（矢負地蔵）と隣接して羅城門址がある。ここは鳥羽街道の起点でもある（鳥羽口）。九条通を東へ、**東寺（教王護国寺）の五重塔**を目指して南大門の前までくれば、近鉄京都線「東寺」駅は至近の距離にある。なお、現在の国道1号は、九条通の京阪国道口から南へ一直線に続く。

▲東寺南大門と五重塔

立ち寄りどころ

🍵 神足ふれあい町家

京都府長岡京市神足二丁目13-10
TEL：075-951-5175
営業時間：9:00 ～ 18:30
定休日：年末年始
コースマップ④(p.38)

西国街道沿いに建つ築160年の町家（石田家住宅）を利用した共有スペース内にある喫茶コーナー。町家や庭先でうどんや甘味を愉しむことができる。地元の名産やお土産販売のコーナーも充実している。

鳥羽街道

時代の変遷を見てきた旧京街道

淀城跡～羅城門址

▲ 増田徳兵衛商店

5 鳥羽街道インフォメーション　コースマップ❺ (p.46)

起点	京阪本線 淀駅
終点	近鉄京都線 東寺駅
所要時間	3時間40分
歩行距離	約11km

インフォメーションプラス
城南宮神苑　開苑時間 9:00～16:30
（受付 16:00まで）TEL：075-623-6846、有料

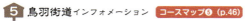

起 京阪淀駅 → 約10分 → 淀城跡 → 約10分 → 五番橋 → 約15分 → 戊辰役東軍戦死者埋骨供養塔 → 約45分 → 羽束師橋 → 約30分 → 増田徳兵衛商店 → 約25分 → 城南宮道道標 → 約30分 → 上鳥羽 → 約40分 → 羅城門址 → 約15分 → 近鉄東寺駅 終

鳥羽街道

淀から西国街道の羅城門に向けて、桂川左岸（東側）と鴨川右岸（西側）に沿う道が鳥羽街道である。京都側の起点を鳥羽口（東寺口）ともいう。「鳥羽」は平安時代からの地名で、「十羽」と書く場合もあった。水陸交通の要地であり、運送などを生業にする人々が多かった。淀城北側の納所交差点で京街道（大坂街道）と合流し、西は西国街道にある調子八角への道の分岐でもあった。平安京造営のため、資材の運搬用に造られた道が「鳥羽の作り道」である。堀川に沿って南下し、久我畷で大山崎（河陽関）へ続いていた。畷（縄手）は盛り土で造られた道を表わす。1933（昭和8）年に京阪国道（現府道13号）が開通し、主要な役割を国道1号に譲ったため、街道筋には昔の佇まいが各所に残る。

淀城から納所へ

京阪本線「淀」駅の中央出口から、式内社の與杼神社境内に向かい、参拝してから**淀城跡**を散策しよう。淀藩稲葉家の祖（稲葉政成）を祀る稲葉神社や唐人雁木跡を示す旧標石、内濠と本丸・天守の石垣も残る。

納所はかつて淀の中心地で、納所交差点から北へ進むとすぐ左手（西）に**「唐人雁木旧趾」碑**があり、この付近に階段状の船着場があった。淀川を遡ってきた朝鮮通信使はここで上陸し、朝鮮人街道などを経て東に向かった。また、与渡津に陸揚げされた貨物は納所（倉庫）で保管された。今では想像し難いものの、一帯は桂川・宇治川・木津川に囲まれた水郷である。納所交差点から北へ約200mの**五番橋**で水路を渡るが、流れを活かした淀古城の名残りが感じられる。淀古城は、秀吉が茶々（淀殿）の産所として築城した。

▲ 淀城跡に残る石垣

▲「唐人雁木旧趾」標石(左)、納所の町並み(右)

▼ 五番橋からの水路の眺め

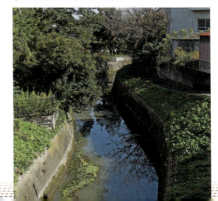

▲「戊辰役東軍戦死者埋骨地」の供養塔

◀堤防の巨樹

横大路の町並みを歩く

　戊辰の役東軍(幕府軍)戦死者の碑がある妙教寺には、第二次世界大戦後に処刑された木村久夫(戦没学徒)の歌碑もあり、戦争との関わりを伝える寺だ。このあと街道には鳥羽伏見の戦いの史跡が多く、愛宕神社の常夜燈も目につく。桂川の堤防が近づき並行して北東に進む。妙教寺から約700mのところに**「戊辰役東軍戦死者埋骨地」の供養塔**が立ち、堤防の巨樹が美しい。

　横大路の町並みを2kmほど歩くと、近くには産土神の飛鳥田神社(柿本社)や田中神社がある。**羽束師橋**の桂川左岸手前(南)に河口から40kmも内陸部に設けられた江戸時代の公設市場であった**魚市場跡の碑**がある。草津湊(横大路)は桃山時代から鮮魚問屋が並び、ここから京都へ陸送され、道は「鱧海道」とも称した。傍に柳谷観音・舟のりばの道標も立つ。

▲羽束師橋(左)、魚市場跡の石碑(右)

▲桂川・鴨川合流地点
▼横大路の町並み

鳥羽街道

桂川と鴨川合流の地

　田中神社御旅所（南）から、庄屋を務め運送業も営んだ**藤田権十郎邸・藤田四郎右ヱ門邸跡**を左手（西）に見て、魚屋通を右手（東）に分け千本通を約 300 m 北東へ向かうと、「鳥羽の大仏」で親しまれる一念寺がある。真阿上人の遺体を鴨川で水葬にしたため、門前を真阿ヶ淵と称した。少し下流で**桂川と合流**する。

　もう1つの**田中神社の御旅所**（北）を過ぎると、**鳥羽の大石**を鴨川河川敷に見る。龍門堰下流の水中に埋もれていた岩で、1662（寛文2）年、二条城の修復用として運ばれ残った石だという。

　丹波橋通へ街道が右（東）に緩くカーブを見せると、道の両側に 1675（延宝3）年創業の酒の醸造元**増田徳兵衛商店**の建物と蔵が並ぶ。「今出川菊亭右大臣鳥羽殿跡」の標石がある寺院は常高寺だ。浅井長政と初（お市の方の次女）の菩提寺である。門前を過ぎると、三叉路の先東側に**戀塚寺**の茅葺の山門が見える。上鳥羽の恋塚と同じ縁起を有し、こちらが根本だと記してある。

▲ 藤田権十郎邸・藤田四郎右ヱ門邸跡

▲ 田中神社御旅所（北）（左）、鳥羽の大石（右）

▲ 戀塚寺
▼ 増田徳兵衛商店

▲下鳥羽で見かける化粧した地蔵尊

◀「秋の山」に建つ鳥羽伏見戦跡碑

◀鳥羽伏見の戦跡と安政6年の道標

▲城南宮の燈籠と鳥居
▼上鳥羽の町並み

下鳥羽から上鳥羽へ

　下鳥羽の町は、自然の地形を利用した堤防集落で、道路は曲がりながら赤池に続く。千本通赤池の交差点から北へ一段下の道を200m進むと、鳥羽殿跡（国指定史跡）と鳥羽離宮跡公園が右手（東）に広がる。白河天皇が造営した離宮で、鴨川流域の沼沢地を利用した苑池である。鳥羽天皇も続けて利用し、院政政治の拠点となった。歌枕のひとつとして知られる「秋の山」には、**鳥羽伏見戦跡碑**が立つ。1868（慶応4）年正月に勃発した戦は翌年夏まで続く。京都を目指す幕府軍と阻止しようとする新政府軍が、近くの小枝橋で衝突したのが始まりである。

　城南宮道との交差点の北西には**1859（安政6）年の道標**が立ち、東の正面に**城南宮の燈籠と鳥居**が見える。

　鴨川に架かる小枝橋を西に渡り、右岸の最初の道を北上する。名神高速道路の鴨川橋をくぐると、千本通は少しずつ旧道の面影を漂わせる。**上鳥羽**も堤防集落で、石積みの上に建てられた民家も多い。

　名神高速道路をくぐってから約800m北へ歩いた突き当たりの右手に恋塚浄禅寺（鳥羽地蔵）があり、「六地蔵巡り」のひとつに数えられる。門前にある五輪塔は袈裟御前の塚と伝わり、恋塚と呼ばれる。顕彰碑も横に立つ。遠藤盛遠（文覚）が自分の非を悔い、御前の菩提を弔ったという。

塔ノ森から鳥羽口へ

浄禅寺前のカーブをS字状に曲がると、「日蓮うなずきの像」を安置する正覚山實相寺をはじめ数多くの寺院が点在する。鴨川・西高瀬川(旧天神川)・桂川が近接する低湿地は塔ノ森と呼ばれ、古くは庶民の葬送地であった。

實相寺から北へ約 1km、十条旧千本の交差点には、西側に**吉祥院天満宮の常夜燈**がある。社殿は西へ約 700mに建つ。西九条に入ってなおも北へ向かうと、三叉路の正面に羅城門址に隣接する**矢取地蔵（矢負地蔵）**が見え、九条旧千本で西国街道と接続する（**鳥羽口**）。近鉄京都線「東寺」駅は東へ約 1kmだ。

▲ 吉祥院天満宮の常夜燈（十条旧千本）（左）、鳥羽口付近の町並み（右）

▲ 矢取地蔵（矢負地蔵）

立ち寄りどころ

🍶 月の桂 増田徳兵衛商店

「かげ清き　月の嘉都良の川水を　夜々汲みて世々に栄えむ」

姉小路有長卿が詠んだ歌が銘酒「月の桂」の由来となる。1675（延宝3）年創業の老舗。鳥羽街道を挟んで酒蔵と母屋がある。「月の桂」は開高健や水上勉に「文人の酒」と愛された。

京都市伏見区下鳥羽長田町 135
TEL：075-611-5151
営業時間：9:00 ～ 17:00
定休日：日曜、祝日
（4月～9月の土曜日）
コースマップ⑤ (p.46)

古都を結んだ
いにしえ街道

伏見街道
竹田街道
「山背古道」と大和(奈良)街道
宇治街道

家並みで埋まる
伏見から京都への道

伏見街道
中書島〜東福寺

▲伏見の酒蔵。昔からの変わらない営みを感じさせる

⑥ 伏見街道インフォメーション　コースマップ⑥（p.62〜63）

起点	京阪本線・宇治線 中書島駅
終点	京阪本線・JR奈良線 東福寺駅
所要時間	2時間50分
歩行距離	約8.5km

インフォメーションプラス
月桂冠大倉記念館　開館時間 9:30〜16:30
（見学受付は16:15まで）TEL：075-623-2056、有料

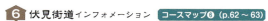

起 京阪中書島駅 →約5分→ 蓬莱橋 →約35分→ 京阪丹波橋駅 →約20分→ 墨染寺 →約20分→ 伏水街道第四橋 →約15分→ 聖母女学院 →約20分→ JR稲荷駅 →約15分→ 田中神社 →約10分→ 伏水街道第三橋 →約10分→ 伏水街道第二橋 →約10分→ 伏水街道第一橋 →約10分→ 終 京阪JR東福寺駅

● 伏見街道

大和街道の一区間で、文禄年間（1592〜1596年）に伏見が城下町として発展すると、京都との往還として重要な役割を果たした。とくに京橋周辺は、大坂との水上交通における港の機能が求められた。また、酒造りの町として輸送を支えた。中書島（柳町）から蓬萊橋を渡り、尾張藩邸のあった下板橋通で右折（東）。京町通で左折して墨染通まで北上し、直違橋通から本町通・大和大路通で五条へ達するのが伏見街道の主要ルートである。しかし、伏見城下は東西南北に道が整備されたため、大手筋や両替町通も同様に利用された。京町と両替町は町家地区で、他の通りと町家裏が武家屋敷にあたる。天保年間（1831〜1845年）の「城州伏見町圖」には、当時の町のようすが詳しく描かれていて参考になる。

中書島の町並みを行く

伏見・桃山は江戸期の頃から道路の整備が進み、中書島から墨染の間の伏見街道を一筋に特定することは容易ではない。ここではコースマップ⑥（→ p.62〜63）で現存する道標から推測してルートを示すが、伏見・桃山エリアは興味と時間に応じて、京阪「丹波橋」駅前まで、街道周辺の史跡を訪ねたい。

元禄年間、柳町に脇坂中務大輔安治が屋敷を構え、「中務」を「中書」と記すことから「中書島」と呼ばれるようになった。京阪本線・宇治線「中書島」駅を出て、長建寺の道標横から北へ向かう。**蓬萊橋**を越え、「**龍馬通り商店街**」のあたりは人の姿が多い。宇治川派流の周辺には、長建寺・月桂冠大倉記念館・黄桜酒造など、伏見を代表する見どころが集中する。

▲「城州 伏見町圖」（複製：藤森神社）

◀蓬萊橋から宇治川派流を見下ろす
▼龍馬通り商店街

伏見周辺の史跡を訪ねる
（オプションコース）

　ここで蓬萊橋を起点にして、立ち寄りやすい伏見・桃山の史跡を紹介しておこう。いずれからも京町通を北上することで、下板橋通を越え京阪「丹波橋」駅前（次ページⒶ）に合流できる。

　幕末に会津藩の宿所となった蓮池御坊（東本願寺伏見別院）の前は「**四ツ辻の四ツ当り**」と呼ばれる。四方からの道が必ず折れ曲がらないと進めない構造になっており、城下町の特徴を端的に示す町割りだ。

　周辺は史跡も多く、京町通の料亭・**魚三楼**には鳥羽伏見の戦いの銃弾跡が今も残る。近くには伏見奉行所跡があり、大手筋には両替町通の角に銀座跡の標柱が立つ。さらに東へ行けば、名水「御香水」が湧く**御香宮神社**があり、表門は伏見城大手門を移築したものである。西隣りは、宮大工の大木吉太郎が設計・施工した**桃山基督教会・桃山幼稚園**で、屋根瓦に十字架が見える。

▲四ツ辻の四ツ当り

▲魚三楼の格子に残る弾痕

▲御香宮神社
▼桃山基督教会・桃山幼稚園

京町通を北へ向い墨染へ

　蓬萊橋からまっすぐ800m北上。交番の角で右(東)に曲がると、左手に伏見中学校・伏見板橋児童館と続く。伏見板橋児童館前の三叉路に1847(弘化4)年の**京・大津道を示す大きな道標**が立ち、伏見中学校内にも同様の道標が移設してある。左右に竹田街道と京・大津道を案内しているため、東西の位置関係から判断すれば、蓬萊橋からここまで一直線で来るのが第1のルートであろう。三叉路のすぐ南に金札宮があるので、立ち寄ってみるのもよい。三叉路から下板橋通を約350m東に向かえば京町通だ。ここで左(北)に折れて少し歩くと京阪「丹波橋」駅前に着く(Ⓐ)。

　京阪「丹波橋」駅前から北へ700m**京町通**を進み、国道24号を横断する。その先の一筋目の西側に**撞木町廓入口の標石**が立つ。赤穂浪士の大石良雄が、同志と密談するため遊興を装って山科から通ったとされる場所である。東側には琵琶湖疏水の墨染ダムがあり、船溜と墨染発電所(1914〈大正3〉年完成)が並ぶ。かつて、ここから濠川船溜へインクラインがあった。

　国道24号から約300m、墨染通を右折(東)すると、「墨染桜」で知られた**墨染寺**が南側にある。また、「少将姿見ノ井戸」(墨染井)がある欣浄寺も近い。

◀弘化4年の道標

◀京町通の町並み

▲撞木町廓入口の標石
▼墨染寺

51

▲ 伏水街道第四橋（左）、軍人湯の看板（右）

直違橋通に旧陸軍の面影を見る

　京阪「墨染」駅前の踏切を渡ってすぐの直違橋通で左折（北）。賑やかさと長い歴史が醸し出す街道風景に変わり、「不二の水」が湧く藤森神社の境内が東側に広がる。駈馬神事で名高い神社だ。

　七瀬川を「**伏水街道第四橋**」で渡ると、大岩街道との交差点（直違橋一丁目）である。さらに北上して、名神高速道路の下をくぐれば、東の**聖母女学院本館**の赤レンガの建物が目を引く。ここは、1907（明治40）年に陸軍第十六師団司令本部が置かれたところで、西へ「第一軍道」が延びる。京阪本線の西、龍谷大学の東を南北に走る道路は「師団街道」と呼ばれ、付近には「**軍人湯**」のような明治時代以降の軍隊に関わる名称がいくつも残る。すぐに深草十二帝陵（深草北陵）への道が東に分かれる。近くには、**風情ある中二階の町家**が大学の施設として利用されるケースも見受けられる。

　砂川橋が架かる府道201号との交差点手前に、伏見義民で知られる「焼塩屋」碑（旧宅址）が立つ。1785（天明5）年、伏見奉行（小堀政方）の暴政を直訴した一人だ。なお、焼塩屋權兵衞の顕彰碑は、説明文とともに藤森神社境内にある。

▲ 聖母女学院本館
▼ 風情ある中二階の町家

伏見稲荷大社界隈の賑わい

　JR奈良線の踏切を渡ると、「稲荷」駅の手前に旧東海道線の**ランプ小屋**（1880〈明治13〉年築）が保存されている。駅前には**伏見稲荷大社の鳥居**が建ち、本殿に向かって表参道がまっすぐ東へ延びる。付近は参拝者向けの飲食店や神具店が軒を連ねる。

　JR「稲荷」駅前から北へ400m歩いた本町二十二丁目には**伏見人形**の「**丹嘉**」があり、かつて稲荷詣の土産として門前で売られた郷土玩具を目にすることができる。ここまで、深草（伏見区）の直違橋は南から丁数を数えたが、本町（東山区）は北から丁数を数える。これは、町の成り立ちが異なることを表している。

　鳥羽通（十条通）が合流する三叉路の北側に田中神社の鳥居を見る。伏見稲荷大社の境外摂社で、和泉式部ゆかりの神社である。「**伏水街道第三橋**」（→p.54）が架かる三ノ橋川は、稲荷山から東福寺の境内を通り、通天橋や臥雲橋の下を経て鴨川へ流れ出る。本町十六丁目には、趣ある建物の「**上野酒店**」が通りの西側にある。

◀レンガ造のランプ小屋

▲伏見稲荷大社表参道の鳥居

▲上野酒店

▶伏見人形が並ぶ（右）
　丹嘉（左）

橋を数えて東福寺駅へ

　二十八面の顔を持つ千手観音立像（藤原期、国宝）を有する尼寺の**法性寺**門前を過ぎると、九条通の高架下に「**伏水街道第二橋**」の親柱が道端に立っている（旧紀伊郡）。

　まもなく、街道はJR・京阪「**東福寺**」**駅**の入口に達する。かつて今熊野川に架かっていた「**伏水街道第一橋**」は、宝樹寺の北辺にあった（旧愛宕郡）。本町通の十丁目と十一丁目の境界である。そのため、同寺は「橋詰堂」と呼ばれていた。現在は泉涌寺道から一筋北へ向った東山泉小中学校（旧一橋小学校）のグラウンド北西部に残る。伏見街道はこの先大和大路通となる。大和大路通はJR東海道本線で分断されるが、北は三十三間堂の西側を五条へ向かう。四条通以北は「縄手」とも呼ばれ、三条通まで続く。

▲法性寺

▲伏水街道第三橋（左）、伏水街道第二橋（右）

▲伏水街道第一橋（東山泉小中学校のグラウンド）（左）、東福寺駅の入口に建つ案内道標（右）

> 立ち寄りどころ

🍚 祢(ね)ざめ家

京都市伏見区深草稲荷御前町 82-1
TEL：075-641-0802
営業時間：10:00 〜 17:00
定休日：不定休
コースマップ⑥(p.63)

1540（天文(てんぶん)9）年創業。豊臣秀吉が早朝、母の健康祈願のため伏見稲荷大社へ参拝した際、唯一開いていた店舗だったので愛妻「祢々(ねね)」から一文字を店の名前に与え「祢ざめ家」となった。趣のある店内で食事を愉しむことができ、名物のいなりずしはテイクアウトも可能。

> 立ち寄りどころ

🧅 いなりふたば

京都市伏見区深草稲荷中之町 55
TEL：075-641-3612
営業時間：9:00 〜 18:30
定休日：木曜日
コースマップ⑥(p.63)

1933 年創業。名物は、こし餡をつきたての餅と赤えんどう豆で包んだ「豆大福」。赤えんどう豆の塩味とこし餡の甘さが癖になる。食べ歩きやおみやげにもおすすめ。

55

伏見・京都間に
造られた幹線道路

竹田街道
中書島〜塩小路東洞院

▲ 玉乃光酒造

7 竹田街道インフォメーション　コースマップ❼（p.62〜63）

起点	京阪本線 中書島駅	所要時間	2時間40分	インフォメーションプラス
終点	JR東海道本線ほか 京都駅	歩行距離	約8km	寺田屋　開館時間 10:00〜16:00（受付は15:40まで）TEL：075-622-0243、有料

起 京阪中書島駅 約10分 京橋 約20分 土橋 約30分 棒鼻 約10分 城南宮道標 約50分 勧進橋 約10分 札ノ辻通 約20分 京都駅八条口 約5分 塩小路東洞院 約5分 終 JR京都駅

● 竹田街道

竹田口（五条橋口）から伏見に至る道を指し、北の起点は時代や絵図によってかなり違いがある。京都電気鉄道が開通（1895〈明治28〉年、塩小路 東洞院〜油掛町）してからは、その沿線を一般的に竹田街道と称す。鉄道開通以前の道には荷駄用の車石が敷かれ、幹線の往来を支えていた。

中書島から交通の要衝を行く

京阪本線・宇治線「中書島」駅北口前には、1970（昭和45）年に廃止された京都市電伏見線の停留所跡と、沿革を記す案内板がある。緩い曲線を描いて北へ約400m進むと、伏見土木事務所前にかつての**観月橋の親柱**（部分）が保存され、隣には**長州藩邸跡**を示す標柱が立つ。

京橋で宇治川派流を渡るが、中書島一帯が北浜・南浜・南新地などと呼ばれた頃は、**三十石船**などが発着する水陸交通の要衝であった。

▲「中書島」駅前から竹田街道方面を見る（左）、観月橋の親柱（右）

▲長州藩邸跡（左）、京橋（右）
▼三十石船乗船場近くの宇治川派流

▲寺田屋

日本初、電気鉄道事業発祥の地

　京橋を渡って右に向うと**寺田屋**があり、魚屋通(油掛町)との交差点には**「電気鉄道事業発祥の地」**碑が設置してある。伏見駿河屋本店の東側には、油を注いで祈れば願いが叶う「油懸地蔵」(西岸寺)があり、芭蕉句碑も隣にある。

　大手筋との交差点(西大手町)を左折して西に歩くと、濠川に架かる橋の袂に**材木小屋跡**がある。寺田屋で襲われた坂本龍馬が身を隠して難を逃れたという場所だ。

　街道に戻り毛利橋通を横断するとほどなく街道は西へ曲がり、北側に**西養寺**がある。浄土真宗様式の本堂は京都市指定有形文化財である。次の交差点で北へ分かれるのが街道だが、市電はもう一筋西側を走っていた。**当時のカーブ**がそのまま道路になっている。

　交差点を右折した先の**土橋**はその名のとおり、川に渡した材木の上に土を敷いた橋だった。伏見らしい酒蔵が並ぶ景観がその北東側に広がる。

▲「電気鉄道事業発祥の地」碑(左)、材木小屋跡(右)

◀西養寺

▼かつての市電のカーブ(左)、土橋(右)

棒鼻を過ぎ東高瀬川沿いに歩く

　土橋から玉乃光酒造の酒倉を右に見て、北へ約1km歩く。疏水放水路に架かる神泉苑橋を渡ると**棒鼻**が近い。伏見と竹田の境界を棒杭で示したことに由来し、六軒茶屋とも称したらしい。西側が竹田で、東側は伏見にあたる。ここで、一筋西側を走ってきた市電が合流していた。2つの道路が出合う空き地に、**車輪（輪形）石とその歴史を説明する標石**がある。

　七瀬川を蓮心橋で渡ると国道24号が南東から合流する。手前には近鉄京都線が高架で頭上を通過する。

　国道24号の合流点から北へ向かい、**城南宮を指す道標**を左手（西）に見て間もなく、旧道が左へ分岐する。角倉了以が開削した東高瀬川に沿って左岸を約1.5km北上。名神高速道路をくぐって龍谷大学の西方で再び国道24号へ戻る。さらに北に向かい、伏見稲荷大社への参道（稲荷新道）が近づけば、旧道はまた西へ分かれる。稲荷新道の1つ南の信号から、専用軌道の市電稲荷線が東に向かって稲荷へ通じていた。勧進橋東公園で鴨川左岸へ出ると勧進橋に達する。

▲棒鼻から南を望む。右から市電が合流していた

◀▼棒鼻にある車輪石（左）、標石（右下）

▼城南宮参詣の道標

▲ 勧進橋

▲ 昔の佇まいを見せる広瀬米穀店

▲ 札辻付近の町並み（左）、旧陶化小学校に移設された石敢當の標石（右）

▲ JR 京都駅八条口

勧進橋を渡り京へ近づく

　勧進橋は鴨川の重要な橋で、江戸時代には板橋が架かっていた。通行料を払ったので「銭取橋」と呼ばれていた。橋上からは東山や比叡山が大きく望め、京都市街の中心に近づいたことを実感する。今は阪神高速8号京都線が曲線を描いて通過し、周辺の風景も一変した。

　勧進橋を渡り鳥羽通との交差点を過ぎると、ほどなく**札辻通**である。このあたりは古い街道の面影が残り、**住宅や店舗の佇まい**が好ましい。札辻はまさに高札場があった場所で、宇賀神社参道の道標が交差点の北東角に立つ。宇賀神社は東九条の産土神で、宇賀魂神と天照大神が祀られている。境内の椋木と銀杏の老木が風格を示す。

　大石橋は九条通との交差点である。今は廃校になった陶化小学校の前庭に、かつて勧進橋近くにあったと伝わる**石敢當**（魔除けの石）が移設してある。路面に敷かれていた車輪石も見られる（現在は閉鎖され見学不可）。

　大石橋交差点から北へ進み、東寺通を横切るとほどなく**JR京都駅八条口の東側**に着く。ここで街道は線路で断たれるので、**高倉跨線橋**（通称たかばし）で塩小路通に向かおう。

今も昔も交通の起点京都駅

　高倉跨線橋を渡るとすぐ左手（西）に、坂道を折り返すようにJR京都駅烏丸口への道がある。東洞院通に出ると駅前は近い。近くには正行院（猿寺）があって、門前の「輪形地蔵」が街道を行き交う牛馬車の苦難を助けてきた。交通安全を願う信仰を集める。

　塩小路東洞院の信号際には**「電気鉄道事業発祥地」記念碑**があり、目の前にはJR京都駅烏丸口の広場が横たわる。ここから先、東洞院通は市街の中心に向かって北へ延びる。

▲JR線を跨ぐ高倉跨線橋

◀「電気鉄道事業発祥地」記念碑

立ち寄りどころ

伏見駿河屋本店

京都市伏見区下油掛町174
TEL：075-611-0020
営業時間：9:30〜18:00
定休日：火曜日
コースマップ⑦（p.62）

1781（天明元）年、諸国大名の乗船待合所として旧総本家駿河屋から分家開業。1895（明治28）年には店の前を日本初の電気鉄道が通り、電気鉄道事業発祥の地の碑が店舗横にある。「煉羊羹」や小豆入羊羹「夜の梅」は、二百数十年の味と伝統を守りつづける。

古都をつなぐ十里の道

「山背古道」と大和(奈良)街道
木津川渡し跡(上狛)～玉水宿・長池宿～宇治屋の辻

▲ 郷愁を誘う上狛駅前の風景

8 「山背古道」と大和(奈良)街道インフォメーション　　コースマップ❽ (p.70～71)

起点	JR奈良線　上狛駅
終点	JR奈良線　新田駅

所要時間	4時間30分 (別途、JR約10分)
歩行距離	約13.5km

インフォメーションプラス
福寿園資料館　開館時間10:00～12:00、13:00～16:00(不定休)
TEL：0774-86-3901、有料

起 JR上狛駅 — 約25分 — 泉橋寺 — 約45分 — 椿井大塚山古墳 — 約35分 — 湧出宮(棚倉駅) — 約40分 — 以仁王墓 — 約25分 — JR玉水駅 — JR奈良線約10分 — JR長池駅 — 約10分 — 梅村泰一家住宅 — 約40分 — 水度神社一ノ鳥居 — 約40分 — 御拝茶屋八幡宮 — 約10分 — JR新田駅 終

●「山背古道」と大和(奈良)街道

京都盆地の南部にあった巨椋池が、街道の道筋を決める大きな要素になっている。古くは伏見から池の東岸へ迂回した。豊臣秀吉の伏見城築城で河川の改修がなされ、1594 (文禄 3) 年に巨椋堤 (太閤堤) ができると豊後橋 (のち観月橋) から新田 (宇治市) へ直接行けるようになる。当時は奈良との間に、4宿 (伏見・長池・玉水・木津) が置かれた。その後はこのルートが大和街道と呼ばれ、国道24号に引き継がれて奈良街道 (京街道) とも称す。西国三十三所観音巡礼が盛んだった江戸時代中後期 (1700～1800年代) の『道中日記』には、木津川の渡し場から「土手通り」を歩く例が多く、堤防が主要道だったと考えられるが、ここでは木津川の渡し場を起点として名所旧跡が点在する「山背古道」を主に、玉水 (井出町) へ向かう道を取り上げる。その後は、長池 (城陽市) から新田・大久保 (宇治市) への街道を紹介しよう。

かつて賑わった茶問屋街を歩く

　JR奈良線「上狛」駅前の道を西に約250m向かい、三叉路を左折して上狛交差点で国道24号を横断する。この先、上狛～玉水間には飲食店が少ないので、飲料・軽食を持参したい。

　茶問屋の建物が並ぶ街は、製茶工場から香ばしい薫りが漂う。上狛交差点からの道を南に約600m、「山城茶業之碑」を左手に見て木津川の堤防に上がると、広々とした河川敷と泉大橋が目に入る。堤防を下流にしばらく行くと、**「西 京都街道」の道標**が立っている。かつて渡し場があった地点である。

　堤防から下り、少し東(右)に入ると「橋寺」の名で親しまれた泉橋寺だ。門前には**「山城大仏」**と呼ばれる室町時代の坐像が安置されている。

▲木津川の渡し場跡に立つ道標は宿駅を明記
▼日本一の地蔵石仏「山城大仏」(泉橋寺)

▲茶問屋街にかつての賑わいを感じる

▲上狛環濠集落

▲椿井大塚山古墳の後円部(一部)
▼涌出宮(和伎神社)

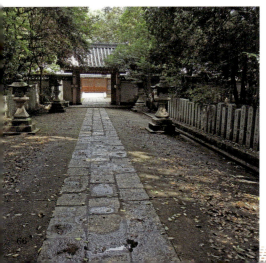

「山背古道」で棚倉を目指す

　特徴的な塀の圓成寺を見て**茶問屋街**を引き返し、再び国道24号を渡ってすぐ左に折れて、水路に囲まれた**上狛環濠集落**を歩いてみよう。立派な長屋門を持つ旧家などが目立つ。山城町郵便局から上狛小学校の前を北上し、廻照寺の手前を東に曲がると庄屋を務めた小林家住宅がある。1665(寛文5)年に建てられた主屋は、当時の図面や資料が残る貴重な建物である。

　廻照寺から鍵型路を北へ向かい、山城中学校を左に見て、椿井のY字路で右へ進む。すぐに延命寺と阿彌陀寺があり、民家の集まる細い道を曲折しながら進む。**椿井大塚山古墳**は古道から右、JR奈良線をくぐった先の北側にある。全長200mにおよぶ前方後円墳で、集落内にもその一部がかかっている。

　一旦、府道70号(奈良街道)に出て、椿井北代の信号で斜め左手(北西)の旧道へ進む。北河原になると右手に春日神社があり、その先の公民館前に南山城水害記念碑が立つ。1953(昭和28)年の8月と9月に、木津川流域の支流が各所で氾濫し大きな被害を出した災害だ。

　鳴子川を渡り、府道70号を東へ横断する。レンガ壁のトンネルでJR奈良線をくぐって左折。線路沿いを北に向かうと「棚倉」駅である。東側の**涌出宮(和伎神社)**は、鎮守の森にすっぽり覆われて静まり返る。

名所・旧跡を訪ねて玉水宿へ

　棚倉駅から北へ2つ目の踏切を左折して渡り、棚倉の町並みを見ながら北西に約450m進み、再び府道70号を横断して綾杉の集落に入る。ここで、木津川の右岸から八丁縄手を北上してきた大和街道と出合う。右折(北東)すると**不動川のトンネル**で、高さが1.6mしかない。旧山城町一帯は天井川が多い。周囲の地表面より河床の方が高いため、道路と鉄道の大半がトンネルで抜ける。風化した花崗岩が洗い流されて堆積し、洪水を防ぐために堤防を嵩上げした人々の営みの結果である。

　トンネルを抜け、開けた景色の街道筋を約1.2km北上する。途中、天神川の手前を右折すると、蟹満寺や綺原神社に立ち寄ることができる。さらに北に進み、渋川の手前右手の踏切の向こうには、**以仁王墓と高倉神社**が並ぶ。渋川をくぐると井手町だ。

　JR奈良線に沿って約300m進み、踏切で線路の東側へ渡る。安養寺の横には**六角井戸**があり、聖武天皇にまつわる伝説が残る。古くから山吹で知られる玉川は桜が植えられ、花の時期には黄色やピンクで埋め尽くされる。玉川北岸の道を西へ下るとJR「玉水」駅はすぐ右手(北)にある。駅周辺には酒造蔵や町家が見られるものの、玉水宿を感じさせるものはほとんどない。「玉水」から「長池」まで、JR奈良線で先を急ごう。

▲不動川のトンネルをくぐる

▲蟹満寺近くの天神川をくぐるJR奈良線

▲高倉神社(右は以仁王墓)
▲扇状地の崖面に湧く六角井戸(安養寺)

▲松屋店内にある当時の宿帳

往時の賑わいを感じる長池宿

　長池宿は「五里五里の里」といわれ、京都と奈良のちょうど中間にあたる。江戸中期には、本陣と旅籠が7軒ほどあったようだ。

　JR「長池」駅を南口に出て、三叉路正面の元旅籠**「松屋」**（和菓子店）に立ち寄ると、店内で**旅籠時代の宿帳**などを見ることができる。松屋の前が旧街道で、南東に向かうと旧長池郵便局や元旅籠の「菱屋」（日本料理店）などが並び、往時の賑わいを感じる。菱屋からから少し先を南へ入った大蓮寺に**島利兵衛の墓**がある。流刑の鬼界ヶ島から許されて戻る際に、甘藷の種を持ち帰って試植したという。それが名産「寺田芋」の起源で、サツマイモを形どった石塔が立つ。

　街道に戻り、約200m先には、JR奈良線の踏切手前に**梅村泰一家住宅**と「**木戸孝允公御中飯処**」碑もある。街道を松屋まで引き返し、北西へ約200mで国道24号と合流。信号手前の空間に**奈良街道の道標**が残る。

　国道24号の歩道を約800m北進し、高架をくぐった先の三叉路は右の旧街道に入る。さらに約700m北上するとやがて**水度神社の一ノ鳥居**が右手（東）に見え、本殿のある鴻ノ巣山の麓まで、松と照葉樹の並木が続く。道なりに進むと、JR「城陽」駅裏となる寺田小学校の校門にも大きな楠があり、子供らの姿を見守ってきた。

▲街道筋らしい中二階の梅村泰一家住宅

▲「木戸孝允公御中飯処」碑（左）、島利兵衛の墓（大蓮寺）（右）

▲奈良街道の道標（左）、水度神社の一ノ鳥居（右）

先に想いを馳せる宇治屋の辻

　寺田小学校から約300m先の久世神社の鳥居を過ぎると、左手(西)に法隆寺式の伽藍配置をもった**平川廃寺跡**がある。さらにその先の右手(東)には、山城では最大級の久津川車塚古墳が姿を見せる。

　車塚古墳を過ぎ、大谷川を渡ると大久保(宇治市)だ。橋の袂に**御拝茶屋八幡宮の常夜燈**が立ち、すぐ北には街道に面して鳥居がある。府道15号を渡った右手の皇大神宮社を過ぎると、JR「新田」駅は近い。また、商店街を西に通り抜けると、5分で近鉄京都線「大久保」駅へも行ける。北にある広野町東裏交差点は「宇治屋の辻」と呼ばれ、奈良道・京道・宇治道の分岐点だった。

▲平川廃寺跡

▲御拝茶屋八幡宮の常夜燈

> 立ち寄りどころ

御菓子司 松屋

京都府城陽市長池北清水27
TEL：0774-52-0031
営業時間：9:00～17:30
定休日：火曜日
コースマップ⑧ (p.71)

　「五里五里の里」と呼ばれ宿場町として栄えた長池で、「松屋」は当初、旅籠として創業したことが元禄末(1700年頃)の文献に見出すことができる。享保の頃、飢饉から人々を救ったという「寺田芋」を使った「芋ようかん」が、今の松屋の名物だ。

巨椋池を迂回する
山際の道

宇治街道
宇治橋〜墨染

▲ 宇治橋「三の間」から上流を望む

9 宇治街道インフォメーション　コースマップ❾ (p.78)

起点	JR奈良線 宇治駅 （京阪宇治線 宇治駅）	所要時間	3時間10分
終点	京阪本線 墨染駅 （JR奈良線 JR藤森駅）	歩行距離	約9.5km

インフォメーションプラス
宇治・上林記念館　開館時間 10:00〜16:00
TEL：0774-22-2513、定休金曜、有料

起 JR宇治駅 — 約15分 — 宇治橋 — 約20分 — 楠玉龍王 — 約10分 — 虚竹禅師墓 — 約50分 — 願行寺 — 約15分 — 六地蔵札ノ辻 — 約10分 — 六地蔵交差点 — 約30分 — 八科峠 — 約10分 — 古御香宮 — 約30分 — 京阪墨染駅 終

72

●宇治街道

宇治橋から墨染（京都市伏見区）に続く宇治街道は、六地蔵札ノ辻で髭茶屋追分（滋賀県大津市）からの東海道・奈良街道と連絡していた。伏見に向けて大岩山と桃山（伏見山）の間にある八科峠を越える。六地蔵から八科峠の区間は、大亀谷街道（宮谷道・水呑道）ともいう。宇治橋からは南西に向かい、宇治屋の辻（→ p.69）で大和街道に連絡していた。

『源氏物語』の地に想いを馳せる

JR奈良線「宇治」駅南出口からすぐ、**「宇治橋通り商店街」**を左折して日本三古橋のひとつ**宇治橋**へ。中村藤吉本店や辻利宇治本店、宇治・上林記念館など、「茶どころ宇治」を象徴する店が並び、近くの平等院や宇治上神社（世界文化遺産）、橋姫神社、源氏物語ミュージアムなどを訪ねる観光客で賑わう。

宇治橋西詰には**紫式部像**と**「夢浮橋之古蹟」碑**があって、『源氏物語』「宇治十帖」の地であることを教えてくれる。宇治橋には守護神である橋姫の「三の間」があり、豊臣秀吉が茶会に用いる水を汲み上げたと伝わる。その儀式は、毎年10月の茶まつりで「名水汲み上げの儀」として、現在も行なわれている。

宇治橋東詰には平安時代から営まれる茶屋通圓が健在で、近くには宇治橋と深く関わってきた橋寺（放生院）がある。

京阪宇治線「宇治」駅前へ府道7号を横断すると、宇治街道との分岐に**東屋観音**が安置してある。

▲宇治橋通り商店街

▲宇治橋、紫式部像、夢浮橋之古蹟碑

◀東屋観音

▲旧街道の町並み(宇治～三室戸間)

▲楠玉龍王碑

▲虚竹禅師墓の標石

▲許波多神社参道にあった一ノ鳥居(石柱)

線路沿いの旧街道を北へ歩く

　旧道の静けさを取り戻した**町並み**を北へ進めば、京阪宇治線の踏切を渡った西側に菟道稚郎子皇子の墓(丸山古墳)がある。京阪「三室戸」駅の西側を線路と並行してさらに北へ向かうと、戦川を渡った右手に**楠玉龍王碑**を見る。

　京滋バイパスを跨いで住宅街を600mほど行くと、京都大学宇治キャンパスの手前(東側)墓地には、明暗寺を開山した**虚竹禅師墓の標石**が立つ。黄檗公園への道の少し右(東)、線路(京阪・JR)までの**道路の両側に石柱**が立つ。これは、柳大明神と称した許波多神社参道にあった一ノ鳥居の柱(沓石)だ。旧陸軍の火薬貯蔵庫を五ヶ庄に設けるため遷座を余儀なくされ御旅所である現在の地へ移った。

黄檗・木幡から六地蔵札ノ辻へ

　陸上自衛隊宇治駐屯地を左に見て京阪宇治線の踏切を渡る。地蔵道標を見て狭い道幅の街道を北西へ進むと、専用踏切の先に西方寺の門が見える。能化院を右(東)に見て進むと、京阪「木幡」駅を経て木幡池に通じる道と交差する。宇治川の付け替えや巨椋池の干拓による遊水池である。

　願行寺前を過ぎると、右手に許波多神社(木幡)が鎮座する。五ヶ庄の神社と同名だが、同社はもと三座あったようで、それぞれの地に引き継がれている。

　まもなく土手が東西に横切る。これは西方にあった旧陸軍の宇治火薬製造所木幡分工場への**引込線跡**で、JR「木幡」駅から分岐していた。現在はJR奈良線に沿う部分が散策路として利用されている。

　さらに北に向かい、山村たばこ店を過ぎると**六地蔵札ノ辻**(六地蔵宿立場高札場跡)に突きあたり、ここを左(西)へと折れる。立場とは宿駅間にある休憩地のことだ。三叉路には**地蔵道標**があって、京・大津道と伏見道を指している。六地蔵は、中世には運送業者が集まる町として発展した。

　山科川を見附橋で右岸へ渡り、約400mで六地蔵交差点に達する。府道7号線を渡り交差点を右折(北)すると、すぐ左手に**道標**と**大善寺**を見る。

▲ 願行寺

▲ 引込線跡の下をくぐる

▲ 六地蔵札ノ辻地蔵道標

▲ 六地蔵交差点にある道標と大善寺

六地蔵から八科峠を越える

　六地蔵の地名は大善寺の地蔵菩薩像を表わし、毎年8月の六地蔵巡りには多くの人々で賑わう。

　JR奈良線をくぐり、桃山西尾の信号の手前から、左手(北西)の八科峠道に入る。長い急坂を約1km登りきって振り返ると、宇治川流域が眼下に広がり、峠には**「八科峠」の標石**が立つ。民家の擁壁に東海道の**車石**が使われ、街道の趣が残る光景である。名称の「やしな」は、秀吉の時代に配下の矢嶋氏邸が近くにあったためという(『雍州府志』)。南西側は伏見北堀公園で、伏見城の高低ある地形が実感できる。

　峠からすぐの右手(北東)に仏国寺の狭い参道が分かれる。丘の上に建つ仏殿の裏に**高泉和尚銅碑**があって、東へ下ると墓地の外れに江戸時代の有名な庭園家**小堀遠州の墓**がある。

　街道に戻り、峠道を北西に約300m下ると、西方へ曲がるカーブの手前右手に**古御香宮**の常夜燈が立っている。秀吉は伏見築城において、鬼門除けとして御香宮を遷座したが、徳川家康の時代に元の場所へ戻された。照葉樹の深い緑の先に小さな社殿が建つ。現在は御香宮の神幸祭で神輿渡御が行なわれる。

▲八科峠標石と車石

▲仏国寺にある高泉和尚銅碑(江戸時代、重文)(左)、小堀遠州の墓(右)

▲古御香宮本殿

墨染で伏見街道と交わる

八科峠から約1km下ったJR奈良線の踏切手前を北へ行くと、「JR藤森」駅に通じる。街道はもう少し西へ下ってから右折（北）し、**藤森神社**の鳥居に近い地点へつながっていた。JR奈良線の踏切を渡って、さらに西へ約500m下り、墨染交差点を越えるとすぐ京阪「墨染」駅に着く。

交差点の北には、大石内蔵助が衣替えをしたと伝わる**椿堂（現茶舗竹聲）**が、直違橋通（伏見街道）に面して右手にある。

◀菖蒲の節句発祥の地 藤森神社

▲旅籠の趣を残す椿堂の店構え

立ち寄りどころ

椿堂茶舗 竹聲

京都市伏見区深草北新町635
TEL：075-644-1231
営業時間：12:00 ～ 16:30
定休日：日曜日・祝日
コースマップ ９ (p.78)

江戸後期の文人頼山陽が、庭先で風になびく竹の聲（音）と手元に香る緑ゆたかな茶の水色を風流にうたいあげた言葉「茶色竹聲」が店名の由来。かつては、大石内蔵助が衣替えをしたと伝わる旅籠であった。落ち着いた店内で、抹茶の氷菓を愉しみたい。

77

都を支えた
支線街道

若狭街道
鞍馬街道
山陰街道
山中越(志賀越)
長坂越

日本海の産物を都へ運んだ山間の道

若狭街道
古知谷〜大原・八瀬〜出町柳

▲ 出町橋西詰に立つ鯖街道口の標石

⑩ 若狭街道インフォメーション　コースマップ⑩（p.86〜87）

起点	京都バス 古知谷バス停
終点	京阪鴨東線・叡山電鉄 出町柳駅

所要時間	4時間（別途、バス約20分）
歩行距離	約12km

インフォメーションプラス
八瀬かまぶろ温泉ふるさと　日帰り入浴あり
11:00〜16:30 TEL：075-791-4126（要電話確認）

起   京都バス古知谷バス停 約60分 旅館ますや 約10分 野村別れバス停 約10分 京都バス 約10分 ふるさと前バス停 約20分 八瀬大橋バス停 約10分 京都バス 約10分 八瀬駅前バス停 約60分 平八茶屋 約30分   加茂波爾神社 約30分   御蔭橋 約20分   鯖街道口標石 約10分   京阪・叡電出町柳駅   終

● 若狭街道

「京は遠ても十八里」（約 72km）。小浜（福井県）から京都まで、若狭で獲れた海産物が人の背によって運ばれた。最近は「鯖街道」として知られるものの、山間には何本もの道筋があった。別称は敦賀街道・大原街道で、京都近郊の区間を指して、新田街道とも呼ばれた。

古知谷から大原へ向かう

地下鉄烏丸線「国際会館」駅前から京都バス 19 系統（小出石ゆき、朝 3 便のみ）に乗り、「古知谷」バス停で下車。大原に向けて旧街道を南へ歩く前に、150 m北にある**古知谷山光明寺（阿弥陀寺）の山門**に立ち寄ろう。こぢんまりとした中国風のつくりが別境の趣きを見せる。

ほとんどの車は高野川（大原川）左岸の国道 367 号を通るので、**旧道は山里の風情**を感じながら歩ける。「古知谷」バス停に戻って南に約 2km 歩き、大原小学校・中学校を右に見て、高野川を渡ると「大原」バス停に着く。ここで国道を渡り東側の道に進み、三千院・**来迎院への道**を左（北東）に分け、南に向かうと静けさが戻ってくる。

▲古知谷山光明寺（阿弥陀寺）の山門

▲古知谷（古知平町）の民家

▼高野川沿いの若狭街道（左）、呂川に沿う来迎院への道（右）

大原の景色を愉しみながら

国道367号から街道に入り南へ約400m、大原大長瀬町の北側にある三千院道の分岐には、**旅館「ますや」**の建物が往時(明治時代)の姿をとどめている。近くの公民館前には鎌倉時代の美しい**宝篋印塔**が現存し、わずかながら昔の雰囲気を醸し出している。比叡山横川へつづく元三大師道を左(東)に分け、道なりに下ると国道367号へ出て「野村別れ」バス停に着く。

大原の盆地を外れると幅員の狭い道路になるため、京都バスで「ふるさと前」バス停まで移動しよう。

途中下車して竈風呂を愉しむ

京都バス「ふるさと前」バス停で下車し、八瀬秋元町に入ると左手(東)に**八瀬天満宮社**の鳥居が現われる。東の山裾に境内が広がり、宮廷に奉仕した八瀬童子の歴史を感じることができる。宝永年間に比叡山との山論(境界紛争)で、八瀬村に勝訴をもたらした老中秋元喬知を祀った**秋元神社**が並び、祭りでは風流踊りで有名な赦免地踊(灯籠踊)が奉納される。また少し下流の右岸には、『拾遺都名所圖會』にも描かれた**「八瀬竈風呂」**(京都市指定有形民俗文化財)があって、中世以来の伝統を有するサウナのような施設を見学体験できる。

▲旅館「ますや」(現在は「cafe Apied」)

▲大長瀬町公民館前に残る宝篋印塔

▲八瀬天満宮社の鳥居(左)、八瀬天満宮社本殿の横に祀られた秋元神社(右)

▲八瀬竈風呂

▲山間に開かれた八瀬の集落

いにしえに想いをはせる茶屋

　国道367号に出て、「八瀬大橋」バス停から再び京都バスに乗車。途中に神子ヶ渕・八瀬甲ヶ渕など気になる地名が続く。どれも古書に記された深瀬だが、今はバス停の名称だけが残るに過ぎない。

　「八瀬駅前」バス停で降車して、街道（国道367号）を下流に向けて歩く。**高野川に沿う道**で、右手（北）西明寺山中腹には崇道神社がある。裏山には小野妹子の子小野毛人の墓があり、内藤湖南の筆による石碑が立っている。南側が開け上高野から洛東の美しい景観が広がる。

　花園橋で岩倉からの道路と合流するが、国道367号へ左折（南）せず、西側の旧道を進む。白川通が高架で分かれると山端である。街道沿いの**平八茶屋**が往時の雰囲気を今に伝える。創業は天正年間（安土桃山時代）とされ、『**拾遺都名所圖會**』（江戸時代）にも載っている街道茶屋であり、麦飯を名物としていた。

▲高野川と八瀬の町並み

▲平八茶屋

◀中央に描かれているのが平八茶屋。若狭街道を歩く人の姿も見える（『拾遺都名所圖會』より）

▲ 修学院の家並み（左）、「比叡山無動寺 大辨財天道」の道標（右）

▲ 賀茂波爾神社（赤宮神社）

◀ 琵琶湖疏水支線（松ヶ崎浄水場へ高野川の下を通る）

▼ 旧鐘紡京都工場汽缶室

高野川沿いに街道を歩く

　平八茶屋から南にすぐの分岐で高野川に沿う現代の若狭街道を離れ、左手（南）の旧街道を南下する。**修学院**あたりは落ち着いた家並みが続く。北山通を渡って約1km南西方向に進むと、曼殊院道の分岐に**「大辨財天道」を示す標石**が立つ。これは、洛中から新田街道を来た参詣者のために、比叡山無動寺弁天堂を示している。**琵琶湖疏水**の分流（支線）を渡る手前東側には、**賀茂波爾神社**（赤宮神社）の境内が広がる。賀茂御祖神社（下鴨神社）の境外摂社で、葵祭に先立つ御生神事と関わる場所である。

　北大路通を渡ると、左手（東）に大規模な東大路高野住宅の建物が目につく。ここは**鐘紡京都工場の跡地**で、途中には**汽缶室**（ボイラー室）が保存され、集会所・管理棟として活かされている。旧道の面影を残す道をさらに南西に約1km歩くと、**御蔭橋**の手前で川端通に合流する。高野川の対岸には紅ノ森の緑が見え、河畔の柳と桜が美しい。

◀ 御蔭橋の親柱

2つの川が出合う出町柳

　川端通を南西に約500m進んだ先の河合橋で高野川を渡り、続けて出町橋で賀茂川を越すと西詰に「鯖街道口」の標石（→p.80）が立つ。その先、河原町通の西は出町枡形商店街で、若狭からの産物が並ぶ市場として賑わってきた。江戸時代創業の種苗店もある。

　今出川通と寺町通の四ツ辻には、**京都の名所が彫られた大きな道標**があり、この付近が街道の起点・終点であったことを物語る。近くには大原口町という町名も残る。京阪鴨東線・叡山電鉄叡山本線「出町柳」駅は、賀茂川と高野川が合流して鴨川となる「鴨川デルタ」のすぐ東側にある。

▲出町枡形商店街で「鯖寿し」を提供する店舗

▲京都の名所が方角別に彫られている

立ち寄りどころ

🍚 **標**（はなだ）

京都市左京区八瀬野瀬町46
TEL：075-706-5373
営業時間：11:00～16:00
定休日：月～木曜日・毎月17、18日（臨時休業あり）
コースマップ⑩(p.87)

「鯖街道」とも呼ばれる若狭街道。鯖は足がつくのが早い魚である。福井の小浜でとれた鯖にすぐに塩を振って、鯖担ぎ達はこの街道を一昼夜で運んだ。当時は京都に入るころに、ちょうど塩がなじみ良い味になったという。八瀬にある華道家元宅を改装した店舗で、鯖寿司が愉しめる。

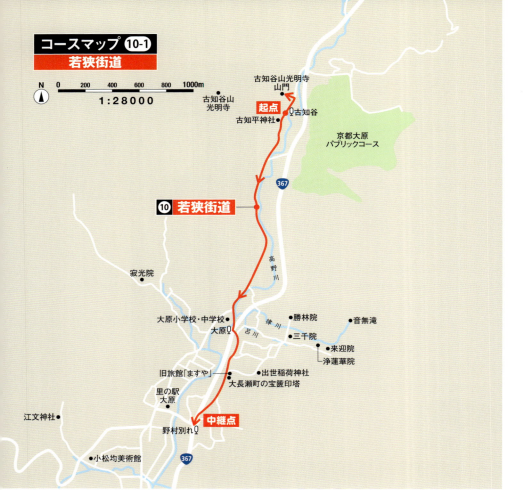

京の都から名刹へ続く参拝道

鞍馬街道
鞍馬口（出町柳）～（幡枝）～鞍馬寺

▲山あいに佇む鞍馬寺の門前町

11 鞍馬街道インフォメーション　コースマップ⓫ (p.93)

起点	地下鉄烏丸線 鞍馬口（京阪鴨東線・叡山電鉄 出町柳駅）	所要時間	3時間10分（別途、叡電約15分）
終点	叡山電鉄鞍馬線 鞍馬駅	歩行距離	約9.5km

インフォメーションプラス
鞍馬寺ケーブルカー（鞍馬山鋼索鉄道）15～20分毎
山門駅最終（上り）16:30（6～8月は17:00）
多宝塔駅最終（下り）16:35（6～8月は17:05）
要ケーブル寄付金

起 地下鉄鞍馬口駅 →約20分→ 下鴨中通 →約10分→ 北大路通 →約15分→ 北山通 →約15分→ 深泥池 →約20分→ 峠（切通し）→約30分→ 京都精華大前駅 →叡電約5分→ 市原駅 →叡電約5分→ 貴船口駅 →叡電約5分→ 叡山電鉄鞍馬駅 →約40分→ 鞍馬寺本殿（金堂）→約40分→ 叡山電鉄鞍馬駅 終

叡電約15分

※所要時間・歩行距離は、叡山電鉄（叡電）で「京都精華大前」駅から「鞍馬」駅へ直接向かう場合

鞍馬街道

京都の北の出入口である鞍馬口から鞍馬寺をめざす参詣の道を鞍馬街道と呼ぶ。下鴨・上賀茂から低い峠を越えて山中に分け入る。もしくは、出町（大原口）を起点に下鴨中通を北上する場合も多かった。賀茂川に架かる御薗橋から柊野別れを経て、原峠を通る道が整備されてからは、堀川通など京都市内西部からのアクセスが便利になって、今ではこちらが主要道である。

鞍馬口から下鴨中通へ

地下鉄烏丸線「鞍馬口」駅を出て鞍馬口通を東へ向かう。出雲路橋までの道中には、京都御所の守護神である出雲路の**御霊神社（上御霊神社）**が南に鎮座し、通りに面して禅寺の閑臥庵や六地蔵巡りの上善寺が並ぶ。鞍馬口町の町名も残る。

出雲路橋西詰には**「出雲路鞍馬口」の標石**があり、**賀茂川の上流に鞍馬山方面の山並み**を望むことができる。参詣者は気持ちを新たに橋を渡ったことであろう。出雲路橋を渡ると東鞍馬口通に名称が変わり、下鴨中通とのズレた四ツ角で左折（北）する。

一方、京阪・叡電「出町柳」駅からは、河合橋を渡って葵橋東詰方向へ右折し、下鴨本通に進む。下鴨中通の分岐は御蔭通との交差点。北東側の糺ノ森（河合の森）には鴨河合坐小社宅神社（河合神社）が祀られ、北には賀茂御祖神社（下鴨神社）が鎮座する。下鴨中通の落ち着いた町並みを道なりに進むと、東鞍馬口通とのズレた四ツ角に出る。

▲上御霊神社

◀出雲路鞍馬口の標識

▼出雲路橋から賀茂川上流を望む

▲ 神秘的な深泥池

◀ 深泥池貴舩神社

深泥池から峠を越える

　1934（昭和9）年に開通した北大路通を北へ横断し、京都府立大・京都府立京都学・歴彩館と京都コンサートホールの前を通って北山通まで約800m、このあたりは道路が改修され、昔日の面影はなくなっている。

　北山通を渡り、北へ約600mで**深泥池**にたどりつく。2万年以上前の古い泥炭や火山灰層が堆積し、生息する生物群集は国の天然記念物だ。池の西端にあたる三叉路で左（西）に折れ、愛宕燈籠が立つすぐの三叉路で右（北北西）へ続くのが街道である。

　深泥池貴舩神社の前を道なりに歩き、2つ目の掲示板のある三叉路で右手（南東）へ折り返す。連続するカーブでケシ山（計志山）の南西斜面を登って行くと、先ほど分かれた左手の道と合流する。すぐ先が**峠（切通し）**で、岩倉幡枝町に入る。かつて**幡枝**は鞍馬詣の人々で賑わい、多くの馬がいつも繋がれていたらしい。進行方向の右手（東）は圓通寺の寺領が広がり、傍に「切通石」碑が残る。

　圓通寺から約800m旧道を歩くと、やがて長代川の右岸に出て頼光橋へ至る。ここには、岩倉と三宅八幡を案内する大正時代の道標が立つ。

　頼光橋を東へ渡り、左岸に沿って上流に歩くとすぐに叡山電鉄鞍馬線「京都精華大前」駅へ着く。

▲ 峠（切通し）
▼ 峠の西側から見下ろす幡枝の集落（後ろは比叡山）

時間が許せば途中下車
(オプションコース)

　この先は、叡山電車で直接「鞍馬」駅に向かっても良いし、「市原」駅や「貴船口」駅で途中下車するのも良いだろう。

　二軒茶屋は鞍馬詣の人たちが休憩する茶屋のあったところからついた地名。

　静市市原町には、小野小町終焉の地とされる補陀洛寺(小町寺)がある。「市原」駅から鞍馬街道を南へ約500mの篠坂峠東側に位置し、境内に小町供養塔や**銘木十三本檜**が立つ。「貴船口」駅の手前(南)には、水を司る神を祀る**貴船神社の鳥居**が建つ。周囲は新緑や紅葉が美しい。

九十九折の参道で鞍馬寺本殿へ

　叡山電鉄鞍馬線終点の「鞍馬」駅から門前町(→ p.88)に出ると、名物の「木の芽煮」など土産物を扱う店や飲食店が並ぶ。**仁王門**の手前で右折(北北東)する街道は花脊峠に向かい、さらに峠を越えて丹波や朽木(滋賀県高島市)に繋がっている。これらの道筋も「鯖街道」として都へ物資が運ばれた。

　エネルギーを石油に依存するまでは、鞍馬は木炭の集散地として栄えた。大布施・芹生・百井などの炭は品質がよく、大消費地の京都で評価が高かった。また、庭石で知られる**鞍馬石**を産出し、それらを商う店が今も軒を連ねる。

▲銘木十三本檜(補陀洛寺)

▲貴船神社の鳥居(貴船口)

▲鞍馬寺仁王門

▲鞍馬石

▲鞍馬山中腹に造営された鞍馬寺

▲本殿(金堂)前からの眺め

　牛若丸と天狗伝説で知られる**鞍馬寺**は鞍馬弘教の総本山。平安京の北方守護として創建された。「鞍馬の火祭り」で名高い由岐神社から義経供養塔を経て中腹の**本殿(金堂)**まで登ろう。由岐神社には舞台造りの割拝殿があり、鞍馬寺本殿金堂への九十九折の参道は、坂と石段が連続する。仁王門と多宝塔の間には、国内で最短距離のケーブルが運行しているので利用することも可能である。

　展望のよい本殿前から霊宝殿を経てさらに登ると、義経公背くらべ石をはじめ大杉権現社・僧正ガ谷不動堂・義経堂・奥ノ院魔王殿などが山中に点在する。鬱蒼と茂る杉木立の「木の根道」も見どころのひとつだ。本殿前から奥ノ院魔王殿まで往復約1時間。時間と体力が許せば巡ってみたい。

立ち寄りどころ

🛍 渡辺木の芽煮本舗

京都市左京区鞍馬本町 248
TEL：075-741-2025
営業時間：9:00 ～ 16:00
定休日：不定休
コースマップ⑪ (p.93)

創業 140 年。鞍馬名物「木の芽煮」は、南北朝～室町時代の『庭訓往来』にもその名前が記されている。日本海側から運ばれてくる昆布と鞍馬特産の山椒が出会い、生まれたとされている。鞍馬詣の土産には最適の逸品だ。

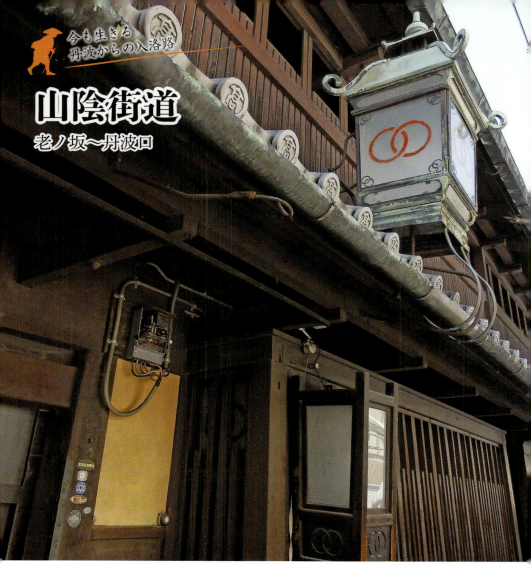

今も生きる丹波からの入洛路

山陰街道
老ノ坂〜丹波口

島原のお茶屋 輪違屋

12 山陰街道インフォメーション　コースマップ⑫（p.100〜101）

起点	JR 山陰本線 亀岡駅	所要時間	4 時間 20 分（別途、バス約 20 分）
終点	JR 山陰本線 丹波口駅	歩行距離	約 13km

インフォメーションプラス
角屋もてなしの文化美術館　開館時間 10:00〜16:00
TEL：075-351-0024、有料

起 JR亀岡駅 — 京阪京都バス約20分 — 老の坂峠バス停 約10分 — 従是東山城國碑 約60分 — 大枝神社 約60分 — 樫原宿本陣跡 約50分 — 桂大橋 約20分 — 御室川治水碑 約40分 — 丹波口標石 約10分 — 島原大門 約10分 — 終 JR丹波口駅

山陰街道

山陰地方と京都を結ぶ街道は、丹波路・丹波街道・大枝道などと呼ばれ、京都へ入る要路のひとつで、参勤交代のルートでもあった。広範囲な地域だけに道筋も多岐にわたるが、亀岡～京都間は一筋のまとまったラインを描く。途中に老ノ坂（峠）があり、亀岡盆地の鵜ノ川と向日丘陵の小畑川の分水界にあたる。老ノ坂は大枝の坂がなまったものとされ、宿場町として栄えたものの、京都・園部間の鉄道開通（1899〈明治32〉年、京都鉄道〈現、JR山陰本線〉）に伴い、街道としての賑わいは衰退した。

亀岡散策の後、老ノ坂峠へ

　山陰街道は距離があるため、ここでは老ノ坂から丹波口の区間を取り上げよう。峠の部分を除いて街道の大半でバスが運行しており、現在でもルートが引き継がれている。丹波から入洛する意味でもJR山陰本線「亀岡」駅から出発したい。

　JR「亀岡」駅前から「京都駅前」行の京阪京都交通バスに乗車して「老の坂峠」バス停に向かうが、時間に余裕があるなら**亀山(亀岡)城下の街道筋**を少し散策してこよう。内丸町・柳町・旅籠町・**京町**あたりを一周するだけでも、その空気に浸ることができる。

　老ノ坂トンネルを抜け出た集落の外れが「老の坂峠」バス停で、横断歩道橋へ戻って国道9号を反対側に渡り、トンネル東口の手前で左手(南)に分かれる道へ入る。車の騒音も竹林で聞こえなくなり、約300mで西からの旧街道と出合うので三叉路を左手(東)に進もう。

▲亀山城惣堀跡（新町中矢田通）

▲京町通の町並み

▲老ノ坂トンネル（歩道西口）

旧峠を越えて山城国に入る

▲丹波・山城国界碑

　旧街道の峠付近には数軒の民家が見られるものの人の気配はなく、行く手に「從是東山城國(これより ひがしやましろのくに)」と彫られた**丹波と山城の国界碑**が現れ、**首塚大明神**がすぐ先にある。

　この付近は大枝山(大江山)の酒呑童子(しゅてんどうじ)に因む場所で、「鬼ども多くこもりて　都に出ては人を喰い……」という情景が頭をよぎる。また近くには、源頼光が退治した鬼の首を埋めたという首塚があり、老杉がよりいっそう伝説の印象を強め、鬼気迫るものを感じる。丹後の大江山にも同様の伝説が残る。しかし、首より上の患い平癒を願う人が参拝するようになって、その信仰が広がり今も酒が供えられている。

　国界碑から200m、旧京都市西部クリーンセンターへの搬入道路が頭上を通る老ノ坂(旧峠)はただの鞍部(あんぶ)で、細い山道が東側に下るだけだ。さらに200m歩くと谷沿いの車道に降り立つ。左手(北)には京都縦貫自動車道が山の中腹を突き抜け、北側の森林一帯に「洛西散策の森」(京都府立大学大枝演習林)が開設されている。

　左の写真は、街道から南へ離れた西山団地(西山高原アトリエ村)への山道から東の方向を見下ろしたものである。

▲首塚大明神

▼沓掛・大枝の集落と国道9号(遠景は京都市街)

貴重な樫原宿本陣遺構を見る

　京都成章高校への入口で小畑川と現代の山陰街道（国道9号）を渡り右折。少し先の大枝沓掛町の分岐で左手の旧道を道なりに進む。桓武天皇御母陵（高野新笠大枝陵）が左手（北）の山腹にあり、さらにその先左の**大枝神社**（大枝氏の氏神）には、1723（享保8）年の**石燈籠**が残る。

　道なりに南東に進むと、桂坂口の交差点を過ぎ、参道入口にツブラジイの巨木が立つ兒子神社を左手（北）に見る。巨木はかつて、大枝神社の地にあったと伝わる。

　この先約1.5km、街道はゆるやかに曲がりながら続く。大枝中山町に達し、下り坂になると樫原秤谷交差点で再び国道9号と交差する。旧道は進行方向に向かっていたと思われるが、今は東へ迂回しながら続く。池の手前で左の道に入ると、左手（北）に維新殉難志士墓があり、蛤御門の変を戦い逃走中に囚われた長州藩の三士の墓といわれる。三宮神社の鳥居から御旅所に来ると**愛宕山の常夜燈**と松尾・嵐山道の道標が立つ。ここから物集女街道との四つ辻にかけて、**樫原の宿場町**が続く。中ほどには**本陣跡の玉村家住宅**があり、京都市内に唯一残る本陣遺構として貴重だ。また、年貢米を収蔵したという郷倉も現存する。さらに道なりに約500m先の川島には、「孝子儀兵衞翁旧趾」の標石が立つ。

◀大枝神社の石燈籠

◀三宮神社御旅所前の常夜燈

▲樫原宿本陣跡

▲宿場町樫原の町並み

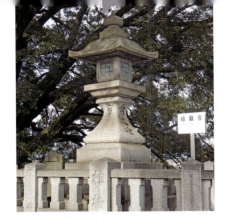
▲桂大橋西詰の常夜燈

▲桂川と愛宕山（左は桂離宮の森）

◀御室川 治水碑
▼源為義墓（権現寺）

桂大橋を渡り七条通を行く

　阪急京都線の踏切手前（北）に松尾七社のひとつ大宮社があり、クスノキの巨木がある。踏切を渡り、本願寺西山別院の前から北東に進むと、地蔵寺（桂地蔵）の前に愛宕山の常夜燈が立つ。さらに道なりに北東に向かい、桂川街道と交差すれば前方の緑は桂離宮だ。**桂大橋西詰**には**立派な常夜燈**があり、街道の歴史が偲ばれる。**橋上からは広大な展望が得られ、北西にひときわ高い愛宕山の姿**がある。

　桂大橋を渡り、桂橋児童公園の前で左折し、風情ある街並みを見ながら道なりに七条通を800m進む。天神川を渡った先の左手に立つ**御室川治水碑**（明治38年）は、桂川の氾濫原であった一帯を、梅津・西院・吉祥院の三村が共同で大規模な河川改修を行なった事業を顕彰するために建立されたものである。

　七条通を東に向った川勝寺地区は、室町時代に「川勝寺口の戦い」があった場所で、北側に松尾三宮社（三宮神社）の鳥居を目にする。さらに800m東の西高瀬川を月読橋で渡ると、西小路あたりから商店が軒を連ねる。西大路七条交差点を東に進めば、**源 為義墓**がある権現寺や朱雀松尾總神社（御旅所）がJR山陰本線高架手前の南側にある。

島原界隈に「粋」を感じる

京都市中央卸売市場第一市場の脇に**「丹波口」の標石**があり、平安時代の迎賓館である西鴻臚館の説明もある。山陰本線の高架をくぐってすぐの千本通を左折し、山陰本線に沿って北に向かう途中、花屋町通を中心に東側が島原(西新屋敷)だ。**大門**のほか角屋(国重文)や輪違屋(京都市指定有形文化財)が花街の佇まいを伝え、外国の使節を接待し宿泊させた東鴻臚館の跡もある。**角屋もてなしの文化美術館**では、所蔵美術品や庭が公開され、揚屋建築の粋を味わうことができる。島原西門碑まで戻り、千本通を北に向かうと、JR「丹波口」駅に着く。

▲丹波口の標識(左)、島原大門(右)

▲角屋の揚屋建築

立ち寄りどころ

🍚 中村軒

京都市西京区桂浅原町61
TEL：075-381-2650
営業時間：9:30～18:00
定休日：水曜日(祝日は営業)
コースマップ⑫(p.101)

1883(明治16)年、初代中村由松が創業。山陰街道にまだ田畑の多かった当時、田植えどきの間食として「麦代餅」を各田畑まで直接届けた。農繁期も終わった半夏生の頃、代金として餅2個につき約5合の割で麦と物々交換したという。明治時代に建てられた店舗内の座敷で麦代餅をいただける。

和歌にも詠まれた西近江路から京への近道

山中越（志賀越）
滋賀里〜崇福寺跡・比叡平口〜山中・北白川仕伏町〜荒神口

平安時代から京都と大津を結ぶ道としてにぎわった「志賀の山越」（今路越・山中越）のほぼ中央、深い山の中に開かれたところから山中の地名が生まれました。春の桜・秋の紅葉の美しい景色や山の井の清水は、数多くの歌に詠まれています。

▲ 志賀から京へ入る山中町の町並み

13　山中越（志賀越）インフォメーション　　コースマップ⑬（p.107）

起点	京阪石山坂本線 滋賀里駅
終点	京阪鴨東線 神宮丸太町駅

所要時間	4時間（別途、京阪+徒歩+バス約40分）
歩行距離	約12km

インフォメーションプラス
北白川天然ラジウム温泉
営業時間 9:30〜21:00　TEL：075-781-4525

起 京阪滋賀里駅 — 約30分 — 崇福寺跡 — 約20分 — 馬頭観音石仏 — 約50分 — 滋賀里駅 — 京阪+徒歩約10分 — 京阪皇子山駅（JR大津京駅） — 京阪バス約20分 — 比叡平口バス停 — 約50分 — 山中バス停 — 京阪バス約10分 — 北白川仕伏町バス停 — 約45分 — 京都大学 — 約20分 — 荒神橋 — 約10分 — 清荒神（護浄院） — 約15分 — 京阪神宮丸太町駅 終

102

山中越(志賀越)

滋賀里(滋賀県大津市)から北白川へ越える峠を平安時代は「志賀の山越」と称した。紀貫之が崇福寺(現存せず)へ詣でる際の和歌が『古今和歌集』にある。琵琶湖の水運が発達するにつれて賑わい、坂本・唐崎(ともに大津市)から取付く道は「今路越」と呼ばれた。これは「古路越」(白鳥越・青山越)に対する表現で、相対的に新しく開かれたことを示している。田ノ谷峠が使われるようになってからは、その道筋を指すようになった。本書では滋賀里と山中町(大津市)の旧道、および北白川仕伏町から荒神口(京都市)の区間を取り上げる。志賀越(峠)の前後は近年の風水害で道が荒れており、倒木もあって一般向でない(山歩き経験者向)。

滋賀里で古跡を訪ねる

京阪石山坂本線「滋賀里」駅から西へ向かうと、正面に**志賀八幡神社**が鎮座する。参拝後に境内から南の鳥居へ進むと、前に「山中越・京都道」の道標が立つので右(西)へ折れる。際川の扇状地に開かれた滋賀里の集落を山手に向かい、国道161号西大津バイパスの上を越えると、右手(北)に百穴古墳群の標識が立つ。この付近は朝鮮渡来の民族が住み着いた土地で、石積みの技術を日本に伝えたといわれている。その後、「穴太積み」は全国の城郭に広がっていった。なおも西へ進むと、礼拝堂に収まらない大きな石仏(室町時代)が姿を現わす。**「志賀の大仏」**と呼ばれ、地元の人たちによって大切に祀られてきた。

▲志賀八幡神社

▲▶滋賀里の家並み(上)、志賀の大仏(右下)

▲崇福寺金堂・講堂跡

◀馬頭観音石仏

▲無動寺道の道標と石燈籠

◀鳩居堂の宝篋印塔

崇福寺跡を巡り滋賀里へ戻る

　志賀の大仏から150m上ると、2つに谷が分かれる地点で東海自然歩道が右に分岐する。志賀越の道は左(西)だが、**崇福寺跡**が間の尾根にある。周回するため右手に進もう。少し離れて小金堂跡が上部にあり、金堂・講堂跡は広場に礎石が認められる。南へ階段を下り、先ほど分かれた左の谷に降り立つ。谷沿いに上流を目指すと、左手に三尊仏が彫られた大岩がある。その少し先で左手(東)の尾根へ上がるゆるい坂道が目に入る。南滋賀から三井寺へ続く志賀越の道で、東へ回り込むと**馬頭観音石仏**が安置してある。ここで引き返して京阪「滋賀里」駅に戻り、「皇子山」駅で下車。最寄りのJR「大津京駅」前(徒歩5分)から比叡平行きの京阪バス(2時間に1～2便)で田ノ谷峠を越える。

山中町で古き弁財天信仰を偲ぶ

　「比叡平口」で京阪バスを降り、京都方面へ歩道を約700m進む。「山中上」バス停の先で、旧街道が左(南西)へ分かれる。山中町の集落に入ると北側に谷が合流しているが、上流に向かうと**一対の石燈籠と無動寺道の道標**が立つ。東から下りてくる谷が志賀越の旧道だ。盛んだった江戸時代の弁財天信仰が偲ばれる。鼠谷川に沿って(→p.102)約1.1km、西教寺や因超寺を

見てなおも下ると、三叉路手前に**鳩居堂**七代（熊谷直孝）が父（直恭）の供養として建てた**宝篋印塔**と「山中」バス停が見えてくる。

京大を迂回して南西に向かう

「山中」バス停から白川に沿って「北白川仕伏町」バス停まで、再び京阪バスで移動するが、途中の「地蔵谷」バス停で下車すると下流に聖護院修験宗の**「身代わり不動尊」**がある。バス停近くには、地蔵谷不動院や北白川天然ラジウム温泉もある。

「北白川仕伏町」バス停から御蔭通を三叉路正面の乗願院方向へ戻り、街道を南西に進む。**北白川天神宮**が左手（南）にあり、石工の技術の高さを表わす白川石の**万世橋**が美しい。白川通を横断した東小倉町には、**旧京都大学人文科学研究所**がありスパニッシュ・ロマネスク様式の建物が街道風景とは異質な空間を示す。**鎌倉時代の大きな石仏（子安観音）**と対面して今出川通を南に横断しよう。

吉田神社北参道の鳥居を左に見てすぐ2体の**弥陀石仏**があり、柔和な表情で旅人を見守っている。傍には山中越（唐崎・坂本道）を示す1846（嘉永2）年の**大きな道標**が立つ。京都大学を迂回して南へ向かった左手が、節分祭で有名な吉田神社だ。東へ少し登った山中に社殿がある。

▲ 身代わり不動尊

▲ 北白川天神宮の万世橋

▲ 旧京都大学人文科学研究所

◀ 子安観音
▼ 北白川西町の弥陀石仏（左）、嘉永2年の道標（右）

◀ 東山東一条の道標

京都大学から荒神口へ

　松の木が立つ吉田神社の参道を西に進めば、京都大学の正門と時計台が右手（北）に建つ。東一条の交差点（北東）には、現在の道に対して斜めに立つ**山中越の道標**があり、元は北白川からここへまっすぐ繋がっていたと思われる。東一条交差点から南西には、分岐する道（志賀越）が現存し、600m歩くと川端通に合流する。少し南の**荒神橋**で鴨川を西へ渡ると、「京の七口」のひとつ荒神口である。清荒神（護浄院）は河原町通を過ぎた新烏丸通との南東角にある。京阪鴨東線「神宮丸太町」駅へは、荒神橋東詰から川端通を南へ約300mでたどり着く。

▲ 荒神橋から鴨川下流を望む

立ち寄りどころ

🍽 ラトゥール

京都市左京区吉田本町 京都大学百周年時計台記念館 1F
TEL：075-753-7623
営業時間：11:00～15:00 17:00～22:00
定休日：年末年始
コースマップ⑬ (p.107)

江戸時代末期（1863年）、尾張藩屋敷造成のために志賀越道は分断され、現在その一部は京都大学の敷地となっている。百周年時計台記念館1階にあるフレンチレストランは一般の方でも利用可能。1925（大正14）年築の時計台の落ち着いた雰囲気の中で食事を愉しむことができる。

若狭・丹波から入洛する山越えの古道

長坂越
杉阪口〜長坂口（鷹峯）

▲ 京見峠茶家前の街道風景

14 長坂越インフォメーション　コースマップ⑭ (p.113)

起点	西日本JRバス 杉阪口バス停
終点	京都市バス 鷹峯源光庵前バス停
所要時間	3時間10分
歩行距離	約9.5km

インフォメーションプラス
光悦寺　拝観時間 8:00〜17:00
（11月10日〜13日は拝観不可）拝観有料

起｜西日本JRバス 杉阪口バス停｜約15分｜杉坂橋｜約15分｜桃源山地蔵院｜約20分｜道風神社｜約50分｜氷室分れ｜約5分｜京見峠｜約10分｜新道・旧道分岐｜約40分｜千束｜約20分｜御土居｜約15分｜京都市バス 鷹峯源光庵前バス停｜終

108

長坂越

長坂口から周山(京都市右京区京北)に至る道は、古くは大陸からの文化が伝わるルートであった。京見坂とも称し、舞鶴・高浜・小浜方面へ向う要の役割を果している。京見峠を越えると、その先は目的地によって数多くの峠道が存在する。明治時代に御室・梅ヶ畑から高雄を通って清滝川を遡るルートが開通すると、交通の主流はこの周山街道(国道162号)に取って代わられた。

林業の町から道風神社を目指す

JR京都駅烏丸口から、西日本JRバス高雄京北線「周山」行き(午前中5便)に約1時間乗り、「杉阪口」バス停で下車。バス停から東に向かい、清滝川を中山橋で渡る。さらにその先、北尾第一橋を渡り、台杉や北山丸太が並ぶ**杉阪北尾の風景**を見ながら、杉阪都町で真弓への道路を左(北)に分ける。杉坂橋を渡り南に進むと、川沿いに民家が建ち並ぶ。

府道31号を道なりに約800m歩いた右手の**桃源山地蔵院**には山頭火の句碑があり、境内の紅葉が美しい。杉阪道風町も林業に携わる家が多く、各戸の佇まいに趣が感じられる。民家が途切れた間に薬師如来が祀られている。なおも上流(南東)に進んだ右手に、能書家の小野道風を祭神とする**道風神社**があり、境内の最上部に明王堂と本殿が建つ。

▲北山杉を生産する民家(杉阪北尾)

◀桃源山地蔵院入口

◀道風神社入口の思君橋

▲前坂の民家

▲京見峠付近から京都市街を見下ろす

▲長坂の新道・旧道分岐
▼愛宕山の標石を見て右に進む

京見峠から長坂を下り千束へ

　谷沿いの道を**前坂（峠）**に向かって約2km登ると、「正一位荒木大神」ほか二神の銘が彫られた石碑があり、前から水が流れ出している（杉坂の船水）。また、台座に安置された地蔵尊を見て約700mで氷室分れの三叉路に着く。

　右手（南東）に進めば**京見峠**だが、峠と感じるほどの傾斜はなく、行く手の京都市街を見て気づくほどである。堂ノ庭は数軒の民家があるだけで、廃業した茶店の前に詩人島岡剣石の歌碑が立つ。

　京見峠から約500m、**新道（府道31号）と分かれて右の旧道**の尾根道を下ると、中ほどに2体の地蔵石仏を見る。台座には「往来二世安楽」と刻まれ、永遠の祈りを示す。残念ながら、近年の災害によるものか大きい方の頭部が欠落している。

　長坂を約2km下りきると千束の集落で、坂尻・原谷からの道路が右手（南西）から合流する。かつて千束には茶店もあって賑ったらしい。**愛宕山の標石**の先で道路が2つに分かれる。左は滑り止めが施された鷹峯への急坂。右は紙屋川に沿って衣笠・金閣寺方面に至る。右手に行くとすぐに斜面を上がる歩道がある。地元の人たちの手で復活した古道で、折り返して鷹峯の台地に上がる。

洛外と洛中の境界 御土居

　鷹峯は本阿弥光悦が芸術・文化の一大拠点とした洛外の地である。南西側には桃山（天ヶ峯）・鷹ヶ峯・鷲ヶ峯の三山が連なる。新道（府道31号）が左手（北）から合流すると、光悦寺・源光庵の門前を経て、ほどなく市バス「鷹峯源光庵前」バス停にたどり着く。

　鷹峯の信号から南東へ約600m行くと、秀吉の築いた**御土居**（鷹峯旧土居町）が西側にある。紙屋川の崖を活かして造られたことがよくわかり、洛中に入ったことが実感できる史跡だ。

▲紙屋川左岸の御土居（鷹峯旧土居町）

立ち寄りどころ

🍡 都本舗 光悦堂

京都市北区鷹峯旧土居町1-203
TEL：075-492-0798
営業時間：9:00〜18:30
定休日：木曜日
コースマップ⑭(p.113)

1947（昭和22）年、「鷹峯御土居」跡の向かいに創業。赤エンドウの入った羽二重餅でこしあんをくるみ、上からきな粉がかかった「御土居餅」がおすすめ。光悦堂でお願いすれば、御土居の柵の内側へ入る鍵を借り見学することができる。

皇室とゆかり深い小野郷

　当コースの起点「杉阪口」からさらに北西にある「小野郷」も一度は訪れたい場所だが、歩くとすると山間の峠越え（供御飯峠）を伴う。そこで本書では、小野郷を写真と文で紹介するに留める。（コースマップ⑭「小野郷周辺」参照）

　小野郷から供御飯峠を越えて杉坂（杉阪）に入り、さらに京見峠を越える道筋は『源平盛衰記』『太平記』などに記され、京都とのつながりが深い。中川とともに銘木の産地として有名な小野は、皇室とのゆかりも深く山村風景にも雅さが息づく。

　西日本 JR バスで「杉阪口」から周山に向かって 6 つ先の「小野郷」バス停で下車。国道 162 号を少し戻ると大森への道が左手（東）に分岐する。岩戸橋で清滝川を渡った正面が**岩戸落葉神社**で、大きな銀杏が境内を覆う。**中ノ町**から川の左岸を街道筋の下ノ町に約 500m 向かい、「小野郷口」バス停から左（北）の山側へ進む。峠道の入口付近に**日下部（定衛門）家の墓地**があって五輪塔や石仏を見る。上ノ町には日下部（大助・式部）家住宅（京都市指定有形文化財）もあり、供御人の里らしい。「小野郷口」バス停に戻り、「杉阪口」までは西日本 JR バスで向かうことができる。

▲銀杏が美しい岩戸落葉神社

▲小野中ノ町の民家

▲日下部（定衛門）家の墓地

京へと続く
交通網の変遷

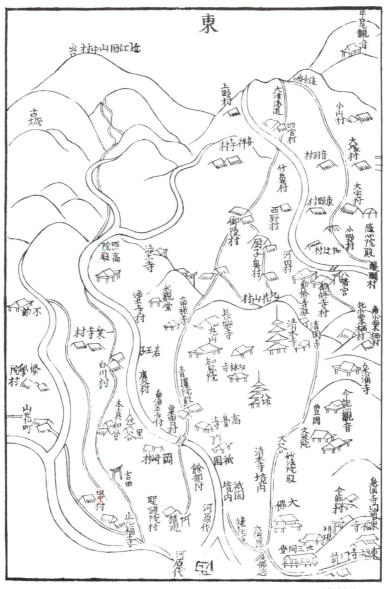

『雍州府志』より

●街道の役割と歴史

　道の歴史は、国の制度や社会のありようを端的に表している。古代（律令制）は大路・中路・小路が京から全国各地に向けて開かれた。太宰府に通じる大路は山陽道を指し、政治・軍事そして外交のメインルートである。一駅に20疋の駅馬が置かれた。東海・東山道は東国への重要路として中路に位置づけられる。小路は北陸・山陰・南海・西海の諸道である。

　平安時代末から東国の武士団が力を持ち、鎌倉時代になると山陽道に代わって東海道が重要になった。室町時代には貨幣経済の発達で常設の店舗が現われ、問丸（運送・倉庫業）が京都周辺や地方でも発生する。全国の産品が流通する時代の到来である。

　戦国の乱世を経て、豊臣秀吉が1587（天正15）年に政庁・邸宅となる聚楽第を建てた頃から、現代と直接つながる道が備わってくる。1591（天正19）年、周囲に御土居を張り巡らして都市の外郭とした。洛中と洛外が明確になり、「口」と呼ばれる土塁や堤防に開かれた切れ目から、五畿七道に通じる街道が整備される。五畿は畿内五国（大倭〈大和〉・山背〈山城〉・摂津・河内・和泉）で、七道は東海道・東山道・北陸道・山陰道・山陽道・南海道・西海道を指す。

▲御土居(大宮土居町)

　「京の七口」といわれるように、東三条口（粟田口）・伏見口（五条口）・鳥羽口（東寺口）・丹波口（七条丹波口）・長坂口（清蔵口）・鞍馬口（出雲路口）・大原口などがよく知られ、今も要衝に変わりはない。時代によってその位置は移動し、荒神口・竹田口（五条橋口＝南海道の起点）など記録によって取り上げ方が異なる場合も多い。いずれにせよ、京都から諸国への出入口を表わすものと理解したい。幕末の「鳥羽伏見の戦い」など歴史に名を残す事件にも幾度となく登場し、京都と切り離すことができない地名である。

　江戸時代になると、幕府が五街道（東海道・中山道・奥州道中・日光道中・甲州道中）を中心に駅制を設け、参勤交代のルートとして整備される。いずれも江戸（日本橋）が起点である。

第1の街道は東海道で、江戸と京都（三条大橋）を百二十六里六町一間（約495.5km）*で結んだ（五十三次）。大坂の経済が発展する元禄の頃からは、京都を通らずに五十七次として大坂（高麗橋）までを指す。こちらは百三十九里四町一間（約546.3km）*である。社会における商業・金融の力が大きくなったことを示し、髭茶屋追分（大津市）から山科盆地を縦断して伏見につながっていた（*出典によって数値が異なる）。
　内陸河川の港湾として、当時の伏見は日本屈指の規模を誇る都市であった。角倉了以の高瀬川開削（1614〈慶長19〉年）以来、淀川の水運は淀や下鳥羽から伏見に中心が移る。江戸幕府が100疋を常置する伝馬所（馬の乗継ぎ場）としたため、さらに発展した。豊臣時代以降の大名屋敷跡が町名となって今も残る。新高瀬川の開削（1930〈昭和5〉年）や京橋水路の埋立（1947〈昭和22〉年）でその歴史は閉じたものの、三栖閘門で昭和初期の港を偲ぶことができる。
　中世まで東山道と称した中山道は、江戸時代に賑わった街道である。大きい川の渡河と海路がないため、安定した旅を可能にした。とくに女性の利用が多く、観音巡礼の道中記がその行程を生き生きと伝える。

▲『拾遺都名所図会』より
◀白川橋の道標

　世の中が安定すると人々の往来も活発になり、交通網の整備はさらに進む。なかでも、京都や伊勢へ参詣する旅は最盛期を迎え、各地の**名所図会**が次々と出版された。また、浮世絵版画も人気を博した。
　街道筋に残る石造道標と常夜燈は、往時の往来と賑わいを証明する歴史的資料として価値が高い。現存する標石の多くは江戸時代の文化・文政・天保の頃（1804～1843年）に建立された。京都に残る最古のものは、東海道の**三条通白川橋東詰にある延宝六紀年銘**（1678年）が彫られたものである。

●近世の地誌・絵地図

　近世の京都案内として著名な『雍州府志』（黒川道祐）は、1686（貞享3）年に著された。「四方自（よ）り京師に入るに七道有り」として、先に挙げた「七口」のほか、龍華越・志賀の山越・山中越・小関越・滑谷越・唐櫃越などを列記している。「その他間道捷径枚挙にいとまあらず」と最後に述べて、それ以外にも数多くの道が存在することを書き留めている。

　1711（正徳元）年の「山城名勝志図」をはじめ、「増補再板京大絵図」（1741〈寛保元〉年）・「山城州大絵図」「山城国全図」（1778〈安永7〉年）・「京町御絵図細見大成」（1831〈天保2〉年）などが盛んに発行され、各時代ごとのようすを知ることが可能だ。

　現在の地図と重ね合わせると、これらの大半は同じ道筋に比定できる。だが、『山城名勝志　坤』（愛宕郡圖）には大和大路（本町通）とは別に「伏見道」（鴨川右岸）が描かれている。御土居に沿って東塩小路村から南へつづく東竹田街道である。西側の「竹田道」は、油小路通の延長にあたる西竹田街道を示している。時代が下ると「竹田道」は衰退して、「車道」である「伏見道」（現在の竹田街道）だけになった。

　また、「**山城州大絵図**」では、下鴨から幡枝へ2筋のルートが目を引く。深泥池の西に「御菩薩池」の表記があり、西側は七丁余で幡枝へ、東側は十丁で福枝に至り、木野方面と分かれて幡枝に達するものである。今は見当たらない地名が載り、間の山を本取山と表記するなど興味を引く。

▼『山城州大絵図』より（国文研等所蔵）

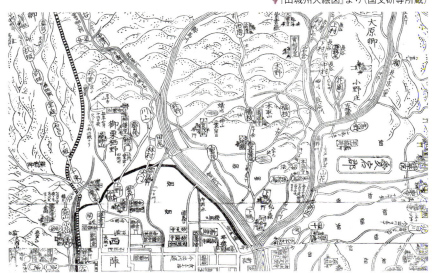

● 地形図に見る街道の変遷

　右ページは、現在の道路網を表す電子地形図 20 万「京都及大阪」（平成 29 年）である。高速道路（緑）・国道（赤）・府県道（黄）・その他の道路（グレー）に区別され、有料区間は濃く表示している。紫は有料道路を表す。

　街道の推移と幹線道路（＊＝高速道路）は以下のとおり。

- 東海道……………………**京津国道（國道 2 號）→国道 1 号→三条通（府道 143 号）**
  国道 1 号／＊名神高速道路
- 京街道（大坂街道）………**京阪国道（國道 2 號）→国道 1 号→府道 13 号**
  国道 1 号／＊第 2 京阪道路／＊阪神高速 8 号京都線（京都市道高速道路）
- 西国街道……………………**国道 171 号（山崎街道）**／＊名神高速道路
- 鳥羽街道……………………**千本通（九条通〜久世橋通間は旧千本通）**
- 伏見街道……………………**本町通・直違橋通・京町通**
- 竹田街道……………………**国道 24 号・府道 115 号**
- 大和街道（奈良街道）…**国道 24 号・69 号・70 号**
  国道 24 号／＊京奈和自動車道
- 宇治街道……………………**府道 7 号**
- 若狭街道……………………**国道 367 号**
- 鞍馬街道……………………**鞍馬口通・下鴨中通・府道 40 号・38 号**
- 山陰街道……………………**国道 9 号**／＊京都縦貫自動車道
- 山中越（志賀越）………**府道・県道 30 号**
- 長坂越……………………**府道 31 号**／国道 162 号

　120 ページからは、誌面の関係から東海道・中山道と山中越（志賀の山越）、そして伏見街道・竹田街道と大和街道・奈良街道を例に、時代による移り変わりを確認してみよう。明治・大正・昭和時代の状況がわかる地形図をベースに、ルートを加筆して説明したい。使用する図版は以下のものである。

明治時代 ①2 万分 1 仮製図「京都」明治 22 年測量・明治 25 年発行／「伏見」明治 30 年測量・明治 30 年発行
大正時代 ②5 万分 1 地形図「京都東北部」「京都東南部」（ともに大正 2 年測図・大正 3 年発行〈1 色刷〉）
昭和時代 ③5 万分 1 地形図「京都東北部」「京都東南部」（ともに昭和 44 年編集・昭和 45 年発行〈4 色刷〉）

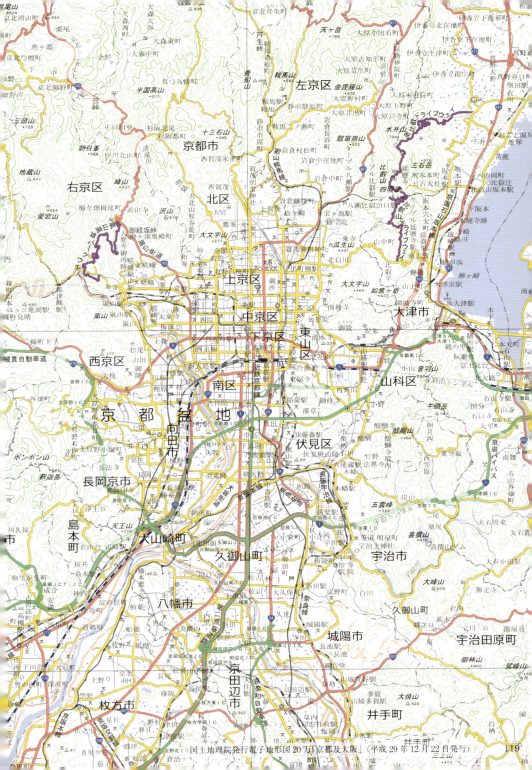

①2万分1仮製図(明治時代)

　三条通の東海道は、車石の撤去や道幅の拡張が行なわれた。山中越は荒神橋から北東に進み、京都大学の本部構内を斜めに横切っていたが、この図版では東へ迂回して北白川村につづく。既に帝国大学の建物が記載されているⒶ。伏見街道は大和大路・本町通・直違橋通と町並みがつづき、藤森神社でいったん家屋が途切れる。墨染通付近で再び町並みが描かれ、京町通に接続して伏見の町へ入る。

　特徴的なのは鉄道の路線で、東海道線(1879〈明治12〉年開業)は稲荷停車場(駅)から大亀谷を経て大津に向かっている(現在の名神高速道路に近い)Ⓑ。1921(大正10)年、同線の複線化に伴って東山トンネルが開通して現行ルートへ変更される。また、奈良鉄道(1895〈明治28〉年、京都～伏見間開業。現在の近鉄京都線)は伏見停車場(駅)から現JR奈良線の桃山停車場(駅)につながっている(1907〈明治40〉年国有化)。

　竹田街道は七条から東洞院通を南下し、勧進橋で鴨川を左岸へ渡ったのち鴨川と高瀬川(東高瀬川)に沿って棒鼻に向かう。なお、この図版に限って他の街道の道筋も示す。

Ⓐ 山中越の道が迂回している

Ⓑ 稲荷停車場から東海道線が延びている

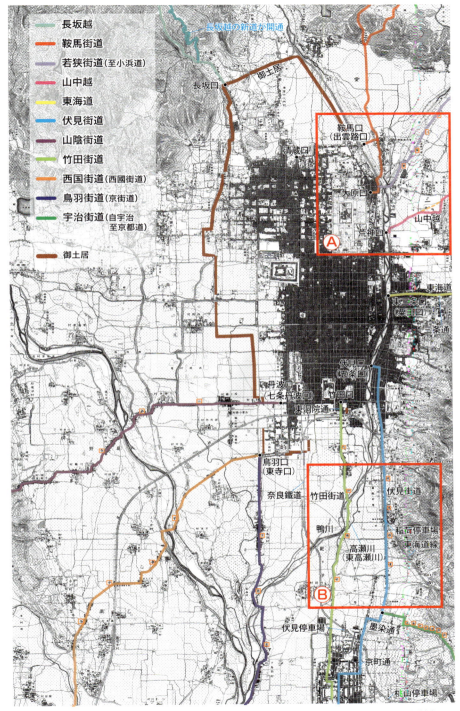

2万分1仮製図「京都」明治22年測量・明治25年発行／「伏見」明治30年測量・明治30年発行(国土地理院発行)

121

●②５万分１地形図（大正時代）

　東海道は國道２號（京津国道）となって御陵付近で新道が開通した Ⓒ 。その後、道路の拡幅と日ノ岡峠（九条山）・逢坂山の掘り下げが行なわれる（1933〈昭和８〉年）。この図版に記載はないものの、京津電気軌道（現在の京阪京津線）も開通（1912〈大正元〉年）し、三条通（三条〜蹴上）と日ノ岡付近は車道を走る併用軌道になる（当初の古川町〜蹴上は専用軌道）。

　山中越は北白川重石まで主要地方道だが、山中（大津市）から東は道幅一間（約1.8 m）以下の道が南滋賀と滋賀里に通じるだけである。伏見街道では師団街道にも町並みが形成され、２筋の市街が明確になった。竹田街道には京都電気鉄道の路面電車（1895〈明治28〉年開業、1918〈大正７〉年京都市が買収し市営）が通じ、道路の改良も行なわれている Ⓓ 。また、京阪本線（1910〈明治43〉年）・宇治線（1913〈大正２〉年）も開業する。巨椋池の東岸には堤防上に大和街道と奈良電気鉄道（1928〈昭和３〉年開業。現在の近鉄京都線）が通じ、髭茶屋追分から六地蔵に至る道は「奈良街道」と表記されている Ⓔ 。なお、本書で取り上げた宇治街道は郡山街道（京都府南部の綺田村から祝園村に木津川を渡って南下する）とされた時もある。

Ⓒ 東海道の新道開通

Ⓓ 京都電気鉄道の開業

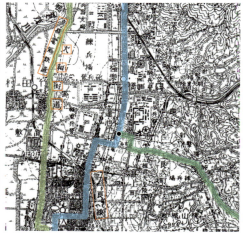

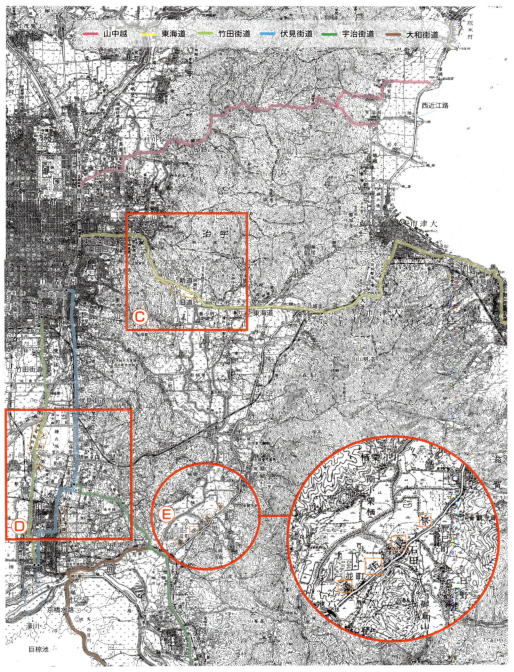

5万分1地形図「京都東北部」「京都東南部」（ともに大正2年測図・大正3年発行(1色刷)）（国土地理院発行）

③ 5万分1地形図（昭和時代）

　東海道は、山科（安朱・竹鼻・四宮）と横木・追分（大津市）で三条通（現府道143号）とは別に旧国道1号が開通する（1967〈昭和42〉年、五条バイパスの完成で現国道1号は五条通にルートを変更）。また、片原（大津市）から琵琶湖側で道筋が大津の旧市街地を外れる。そのため、西近江路との分岐点である札ノ辻は経由しなくなった F 。国道は161号となって浜大津に向かい、尾花川から柳ヶ崎へ琵琶湖西岸を北上する（西近江路）。

　山中越は田ノ谷峠を越える車道が開通し、南滋賀・錦織とつながった（府道・県道30号）。そのため、「志賀の山越」は忘れ去られる。竹田街道は鴨川左岸で直線的なルートに改良され、路面電車も線路が一部移設された G 。その結果、道幅の狭い伏見街道に代わって京都・伏見間の主要道路となり現在に至る。大和街道は巨椋池の干拓に伴って観月橋から国道24号が直線的に改良され、宇治・城陽方面が近くなった H 。

　時代ごとの推移を踏まえて街道を見ると、先人たちの営みや意向が次々と語りかけてくる。歴史の表舞台に現われた事象だけでなく、庶民が一日一日を積み重ねた証と空気を現地でぜひ感じたい。距離（区間）や健康だけを目的とするのでなく、いにしえに想いを馳せながら歩かれることを願う。

F 東海道は国道となり大津の旧市街地を外れる

G 竹田街道（━）が直線的に改良

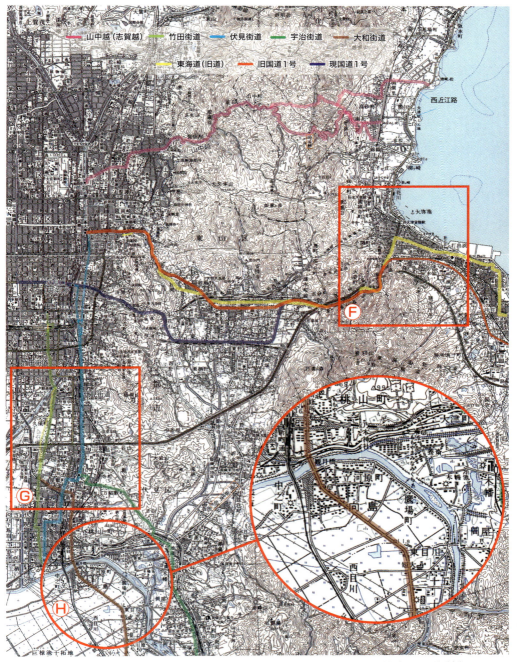

5万分1地形図「京都東北部」「京都東南部」（ともに昭和44年編集・昭和45年発行(4色刷)）（国土地理院発行）

125

いにしえに想いをはせる 京へと続く街道あるき

索引

あ行

秋元神社	82
明智光秀	20
東屋観音	73
愛宕山	97,98,110
天之川町	26
粟田口	20,115
粟田神社	20
石敢當	34,60
石田家住宅	35
一里塚趾	10
五辻	35
稲荷停車場	120
犬塚の欅	17
石坐神社	12
石清水八幡宮	29
上野酒店	53
魚三楼	50
宇治街道	72,120,122
宇治橋	72
老ノ坂	95
追分	8,18,25,124
黄檗	74
大枝神社	97
大坂街道	24,29,41
大原	82
大山崎	33,34
御拝茶屋八幡宮	69
岩戸落葉神社	112

か行

御土居	111,115,117,121
鍵屋資料館	24
桂大橋	98
桂川	29,36,41,42,98
上御霊神社	89
上鳥羽	44
亀岡	95
鴨川	21,42,44,53,60,85,106,120
賀茂波爾神社	84
観月橋	57
勧進橋	60
木津川	28,65,66
吉祥院天満宮	45
貴船神社	91
旧逢坂山トンネル	17
鳩居堂	102
京街道	24,65,121
京都大学	105,106,120
京都電気鉄道	57,122
京町通	51
京見峠	110
虚竹禅師	74

さ行

九条御前	37
楠玉竜王	74
楠葉	27
久世橋	36
鞍馬街道	88,121
鞍馬口	89
鞍馬寺	89,92
車石	17,18,20,57,76,120
源氏物語	73
戀塚寺	43
高札場	9
荒神口	106
神足	35
御香宮神社	50
五条別れ	19
古知谷	81
從是東山城國	33,96
西国街道	33,41,45,121
材木小屋跡	58
鯖街道	81,85
山陰街道	94,121
三十石船	57
三条大橋	20,21
サントリー山崎蒸溜所	33
志賀越	100
滋賀里	101
志賀の大仏	101
師団街道	52
四宮地蔵（山科地蔵）	19
島利兵衛	68
下鳥羽	44
車輪石	59,60
修学院	84
橦木町	51
城南宮	44,59
常夜燈	9,12,18,28,32,35,36,42,69,97,98
崇福寺跡	102
直違橋通	49,52,120
須田家住宅	36
墨染	51,77
墨染通	51
角倉了以	59,116
角屋	99
誓願寺	25
聖母女学院	52
膳所神社	12
瀬田唐橋	11
蝉丸神社	17
泉橋寺	65

126

索引

た行

宗左の辻	26
大善寺	75
高倉神社	67,83,83
高野川	81
竹田街道	56
建部大社	10
玉乃光酒造	56
丹嘉	53
丹波口	99
竹聲	77
中書島	49,57
調子八角	34
月の桂	45
椿井大塚山古墳	66
椿堂	77
寺田屋	58
天智天皇陵	19
天王山	28
東海道	8,16,25,76,115,118
東寺	32,37,40,45
唐人雁木旧趾	41
道風神社	110
東福寺	54
常盤橋	13
鳥羽街道	37,40,121
豊臣秀吉	17,25,55,68,73

な行

中小路家住宅	35
長坂越	108,121
中山道	9,16,116,118
奈良街道	19,25,64,73,118

は行

橋本	25,28,33
髭茶屋追分	25,73,116,122
日向地蔵尊	36
枚方	25,26
琵琶湖疏水	20,84
伏見	25,48,56,73,76,116
伏見稲荷大社	53
伏見街道	19,48,118,120
伏見人形	53
札ノ辻	13,17,60,75,124

古御香宮本殿	76
平八茶屋	83,84
宝篋印塔	82,104
棒鼻	59
蓬莱橋	49
戊辰役東軍戦死者埋骨地	42
法性寺	54

ま行

本陣	9,17,26,68,97
増田徳兵衛商店	43,45
ますや	82
松屋	68,69
三井寺観音道	19
水無瀬	33
三室戸	74
妙喜庵	34
麦代餅	99
紫式部	73
明治天皇	17,19,26
名所図会	17,116
名所図会	116
桃山基督教会	50

や行

八科峠	76
八瀬	82
矢取地蔵（矢負地蔵）	45
山背古道	64
山城大仏	65
山城州大絵図	117
大和街道	49,64,73,118,122
山中越	100
八幡	29
雍州府志	74,116,117
吉田神社	103
淀	25,28,40,116
淀川	25,28,33,41

ら行

龍王宮秀郷社	11
六地蔵	44,73,75,76
露国皇太子遭難之地碑	13

わ行

若狭街道	80,121
若宮八幡神社	12
輪違屋	94

立ち寄りどころ

料亭あみ定	13	袮ざめや	55	縹	85
かねよ本店	21	いなりふたば	55	渡辺木の芽煮本舗	92
やわた走井餅老舗	29	伏見駿河屋本店	62	中村軒	99
神足ふれあい町家	37	御菓子司松屋	69	ラトゥール	106
増田徳兵衛商店	45	椿堂茶舗竹聲	77	都本舗光悦堂	111

（掲載順）

執筆・撮影・監修：竹内 康之（たけうち やすゆき）

1952年生まれ。山越えの古道や街道を歩いて、各地と京都の関係に興味を持つ。
著書に、『「琵琶湖」の絶景を望む近江の山歩き16選』『いにしえをめぐる 奈良の山歩き
里あるき』（淡交社）、『比叡山1000年の道を歩く』（ナカニシヤ出版）、『滋賀県の山』（山
と溪谷社）。ほかに、雑誌などにも執筆。京都府山岳連盟「登山学校」副校長。山旅倶楽部
インストラクター。

編集・デザイン：ジーグレイブ株式会社

写真提供：料亭 あみ定、株式会社かねよ、石清水八幡宮、八幡走井餅老舗、増田徳兵衛商店、伏見
駿河屋本店、椿堂、縷、中村軒、ラトゥール、神足ふれあい町家　　（順不同・敬称略）

参考文献：秋里籬島 『都名所圖會』 新修京都叢書第6巻所収／市古夏生・鈴木健一校訂
『新訂都名所図絵2・4』 ちくま学芸文庫 1999年
出雲路敬直 『京都の道標』 ミネルヴァ書房 1968年
大津市史編さん室 『大津の道』 大津市役所 1985年
黒川道祐 『雍州府志』 新修京都叢書第十巻所収／『雍州府志 近世京都案内』宗政五十
緒校訂 岩波文庫 2002年
京都市史編さん所 『京都の歴史』（全十巻） 京都市 1970年～1976年
竹村俊則 『昭和京都名所圖會』（全7巻＝洛東上・洛東下・洛北・洛西・洛中・洛南・南山城）
駸々堂出版 1981年～1989年
森沢義信 『西国三十三所道中案内地図【上】【下】』 ナカニシヤ出版 2010年

広域マップ：株式会社アルテコ
コースマップ①～⑭：株式会社アルテコ

京都を愉しむ

いにしえに想いをはせる
京へと続く街道あるき

2018年4月7日 初版発行

著 者 竹内康之
発行者 納屋嘉人
発行所 株式会社 淡交社
本社 〒603-8588 京都市北区堀川通鞍馬口上ル
営業 (075) 432-5151
編集 (075) 432-5161
支社 〒162-0061 東京都新宿区市谷柳町39-1
営業 (03) 5269-7941
編集 (03) 5269-1691
www.tankosha.co.jp
印刷・製本 図書印刷株式会社

©2018 竹内康之 Printed in Japan
ISBN978-4-473-04244-6

定価はカバーに表示してあります。
落丁・乱丁本がございましたら、小社「出版営業部」宛にお送りください。
送料小社負担にてお取り替えいたします。
本書のスキャン、デジタル化等の無断複写は、著作権法上での例外を除き禁じられています。
また、本書を代行業者等の第三者に依頼してスキャンやデジタル化することは、いかなる場合も著作権法違反となります。